U0693364

华北电力大学中央高校基本科研业务费专项资金资助
（项目编号2016MS148）

困境儿童

分类保障制度研究

KUNJING ERTONG FENLEI BAOZHANG ZHIDU YANJIU

孟亚男 著

人民出版社

序

　　儿童是一个需要保护的脆弱群体，困境儿童更是这一群体中尤其需要关注与保护的对象，在某种程度上，困境儿童的生存状况是衡量一个国家社会福利体系的重要参考和依据。儿童是社会发展的未来，儿童的成长需要整个社会系统的呵护、支持和保障。但很遗憾的是，我国的儿童福利事业起步较晚，并且长期附着于成年人的社会福利体系，没有获得相对独立的地位。2013 年 6 月 27 日，民政部发布《关于开展适度普惠型儿童福利制度建设试点工作的通知》，科学论证了建立"适度普惠型儿童福利制度"的重要意义，明确提出了"适度普惠、分层次、分类型、分标准、分区域"的理念，按照"分层推进、分类立标、分地立制、分标施保"的基本原则，要求立足当地经济社会发展状况、儿童生存与发展需要及社会福利制度的发展，全面安排和设计儿童福利制度。该通知实际上还给了我们一个信号，那就是儿童福利制度将逐步转型，困境儿童将得到更为精准的分类保障。因此，本书的出版可谓"恰逢其时"。

　　本书作者孟亚男女士是一个有着多学科背景的年轻学者。她本科就读于哲学专业，硕士研究生阶段转入人口学专业学习，硕士毕业后考入中国人民大学社会与人口学院攻读社会学博士学位。毕业后进入华北电力大学，研究方向集中在社会工作与社会保障方面。多学科的学习和研究背景，使得她的研究思路更开阔，可以提供社会保障学科研究之外的一些思路。我们从本书中也可以看到，在文献综述和对各类困境儿童的调研基础上，作者创造性地提出了问题的"本土性"和"过渡性"特征，提醒读者注意问题分析的情境，也就是说，分析中国的儿童福利制度，不能脱离中国的问题情境和发展环境。

在对策建议部分，作者并没有像业内学者那样按部就班地提出对策建议，而是尝试将困境儿童的分类保障置于"政府主导多元主体参与的新格局"的这样一个治理格局转型背景中，探讨政府、社会团体、社会组织、基层社区、家庭等多主体建构分层支持体系的可能性和可行性，其实这已经超出了传统社会保障探讨的范畴，进入了系统的社会支持讨论中。在此基础上，作者充分运用其逻辑建构能力，提出了完善困境儿童救助体系工作中资源整合的框架和路径：资源整合的三维框架（保障托底＋选择性救助＋精准服务）和双轨多元的路径建设（中央财政＋地方财政＋社会融资）。这里实际上隐含着作者的一个基本假设，那就是既有的社会保障支持不足以满足困境儿童的多元需求，只有建构相对稳定而持久的社会支持结构与运行机制，为困境儿童提供更为细致和精准的帮扶，才能更好地解决困境儿童问题，保障困境儿童的健康成长。沿着这样的思路，作者在总体设计中还专门强调了专业服务的新思路，提出了探索政府购买服务方式和引入社会工作系统的具体建议。这也就意味着，作者希望以社会工作专业服务来弥补传统福利保障和目前以经济支持为主的分类保障不足的问题，更精准地服务于困境儿童的需求和困难，这种基于优势视角和增能理论提出的专业支持路径与方式、方法，既反映出作者的社会工作专业特色，也为解决困境儿童问题提供了非常出彩的补充方案。

困境儿童问题是一个错综复杂的问题，需要学术界和实务工作者的共同努力。本书的研究提供了一种将社会福利制度与专业服务相结合的思路，力求在明确政府和社会角色与责任的基础上，加强政府的宏观指导和财政支持，推进社会工作在该领域的发展。这一尝试应该是对这一领域问题的有益探索，值得引起有关政府部门和社会各界的高度关注。我相信，通过该领域的深入研究和实践探索，我国必将在落实联合国《千年发展目标》和《儿童权利公约》方面取得更大的进步，在保障儿童权利和儿童发展方面迈出更大的步伐，在树立负责任的大国形象和推进全球儿童事业方面作出更大的贡献。

吕红平

2017 年 9 月于河大紫园

目　　录

引言　困境儿童研究的历史、现状与未来

关于儿童，我们都知道并且常挂在嘴边的一句话就是，儿童是我们的未来，但体现在具体的实践中，大到宏观的国家政策，小到一个家庭，我们真的对我们的"未来"足够关注并且给予了应有的支持了吗？尤其是对那些处于困境中的儿童，在我们能够对全社会共享发展成果达成共识的今天，如何将我们在经济、政治、社会、文化和生态五个主要方面的发展以适当的政策设计，配以更有效的专业的输送渠道抵达他们的家庭、他们个人以至于他们的主要生存环境？我们研究的还远远不够。

在中国，现代意义上的儿童研究始于清末民初，最早由西方传教士引入，然后通过本土精英的"西学东渐"，知识和方法逐渐系统，也开始更多本土化的尝试。但最初的研究都集中在教育领域，比如典型的有创刊于1901年的《教育世界》杂志，刊载了一系列儿童教育的文章。而关于儿童的福利保障，则最早源于中国传统的善堂文化，在明末清初转型，民国时期才开始了现代意义上的探索，研究文章也是在那个时期开始的。林顺利在中国社会工作杂志发表的《儿童社会工作的早期引入与发展》一文中谈到：传统慈善事业是根植于儒家的"仁爱"思想以及本土佛教"慈悲"和"因果报应"等思想基础上的，主要以针对孤贫儿童的社会救助为主，其形式体现为官办和民间的"善堂"和"善会"。时至清末民初，这种传统的"善堂文化"在近代社会转型中逐渐被"慈善事业"所取代，并且吸纳了来自西方教会的先进的社会福利理念和专业的社会工作方法，成

为民国时期社会建设和社会管理的固有组成部分。① 这一时期的主要研究实际上集中在孤、残、贫、弱儿童的社会慈善救助方面，一方面不断有学界和社会慈善人士引入西方的实务知识，另一方面本土学界的研究逐渐从社会慈善转向社会福利和专业支持方面。大约在 20 世纪 30 年代开始，关瑞梧、雷洁琼、汤铭新、龙冠海、刘铭等人纷纷撰文引入美国的儿童社会工作，在儿童福利、儿童行为指导等方面丰富了本土的儿童社会工作知识。此方面的代表文献有汤铭新的《儿童行为指导工作》、龙冠海的《美国儿童福利工作的趋势》以及刘铭翻译的《个案工作与社团工作之配合——美国儿童福利事业的新途径》等。尤其需要提出的是，"1946 年关瑞梧在成都实验儿童社会工作并将实验结果整理成《区位儿童福利个案工作》一书。该书中，关瑞梧将个案工作分为个案研究与个案工作两个阶段，具体步骤为访问、诊断、服务等环节，基本工作理念和手法已经和当前个案工作实务相差无几"②。当然，总体上来看，当时的研究还处于引入和本土探索的阶段，一些关于当时困境儿童群体问题及其在社会福利体系中的界定等问题并没有得到系统澄清，也没有建立起基于本土的困境儿童研究话语和知识体系。新中国成立之后，与之相关的社会学和社会工作专业一度被取缔，至少在上述两个专业恢复之前，儿童研究只散见于教育及心理学研究和极少量的福利研究中，在社会问题维度上，基本上处于"停滞"的状态。

新中国成立以后，真正学术意义上的儿童的福利和社会问题两个维度上的研究实际上是在 20 世纪 90 年代开始的，但真正形成规模就是 21 世纪初以来的事情了。1994 年，"留守儿童"一词出现在上官子木一篇题为《"留守儿童"问题应引起重视》③ 的文章中，当时作者指的是夫妻双方都出国后孩子由祖父母抚养的问题。同年，沈重在《国外法学》发表了一

---

① 参见林顺利：《儿童社会工作的早期引入与发展》，《中国社会工作》2013 年 6 月下。
② 林顺利：《儿童社会工作的早期引入与发展》，《中国社会工作》2013 年 6 月下。
③ 参见上官子木：《"留守儿童"问题应引起重视》，《神州学人》1994 年第 6 期。

篇关于《日本儿童福利法》的介绍文章。而真正可以作为当代中国儿童福利研究的标志性成果的当属陆士桢的《简论中国儿童福利》一文，该文的摘要记录如下："现代儿童福利具有普遍性、发展性和社会性的特征与功能。建立在马克思主义儿童观基础上，以中国传统文化为内核的中国现代儿童福利观包括从社会功能出发与从儿童权利出发两种基本观念。以现有的国力和发展水平，中国儿童在整体上享有的福利表现出相对充分的特征，并逐渐走向法制化和社会化。但中国儿童福利事业必须纳入社会发展总体布局中予以特别重视，才能适应形势发展需要。"[1] 而与此同时，民政部下属的杂志也开始着力探讨儿童福利机构和儿童福利事业的问题，此后关于儿童福利研究才逐渐开始形成规模并渐次成风。

具体到困境儿童研究，1998 年李春玲、王大鸣在《青年研究》上发表的《中国处境困难儿童状况分析报告》[2] 一文，应该是国内困境儿童的开篇之作。在高丽茹、彭华民 2015 年发表的《中国困境儿童研究轨迹：概念、政策和主题》一文中，作者把困境儿童研究分为三个阶段："第一阶段（1981—1998 年），从非社会福利视角对困境儿童进行关注的阶段；第二阶段（1999—2005 年），从社会福利视角对困境儿童服务进行讨论拓展阶段；第三阶段（2006—2014 年），从社会福利视角对困境儿童概念进行深入讨论阶段。"[3] 这一分期尽管并不完全严谨，但大概的线索相对清晰。在上述研究中，学界大致形成的判断是我国的儿童福利政策正在经历着"补缺型"向"普惠型"转变的过程，对于困境儿童的支持也应当向多元化发展，并且对困境儿童的研究也应该更加多元化。但是，这样的研究真的够吗？

评价已有研究的标准有很多，比如学界通常会以西方发达国家的儿

---

[1]　陆士桢：《简论中国儿童福利》，《华中师范大学学报》（哲学社会科学版）1997 年第 6 期。

[2]　参见李春玲、王大鸣：《中国处境困难儿童状况分析报告》，《青年研究》1998 年第 5、6、7 期。

[3]　高丽茹、彭华民：《中国困境儿童研究轨迹：概念、政策和主题》，《江海学刊》2015 年第 4 期。

童福利研究和政策制度设计来作为标准，或者以我们国家当前的社会福利转型作为背景。在这里，笔者并不想做文献梳理（接下来本书第一章里会有），而是想将标准更具体到我国困境儿童群体生存与发展的现实情境中，来尝试审视目前我国的困境儿童研究。

第一，新中国成立以来的困境儿童研究，在儿童福利体系建设方面已经取得了较好的成就和发展。从最初的零散的研究和对福利机构的关注，到今天将困境儿童问题嵌入社会福利转型的大背景中，困境儿童的研究日趋成熟，从话语到方法，再到政策建设的思路和意见，都已经逐步健全。这种发展是建立在 20 世纪 90 年代以社会学为代表的专业恢复重建基础上的，也是与西方学理体系引入相伴随的。但更重要的是，这一过程是和我国改革开放以来从经济建设为中心到开始注重社会建设和社会治理的转型过程相一致的，是对社会转型的回应。

第二，由于缺乏全国的高质量的调研数据支持，困境儿童研究长期以来处在一种以比较研究和小规模调研为基础的状态，缺乏在我国具体国情与发展阶段背景下对困境儿童及其所处社会环境的深入分析，这就使得我们在宏观框架上定位我国儿童福利缺乏精准的科研支持，大多直接参考欧美，忽视我们的历史和本土情景，尤其是忽视我国在国家和社会治理上的特殊性。

第三，诸多研究中，并没有强调儿童本位，大多以成人视角和权利观看待困境儿童，实际上仍然没有摆脱我们长期以来将儿童福利附属在妇女乃至整体成人群体上的"传统"，这就使得政策建议容易笼统而粗糙，很难转化为现代的、科学的、专业的儿童立法和顶层设计建议。

第四，专业机构和社会组织的发育不足，使得困境儿童研究在社会层面缺乏"想象力"，往往照抄照搬国外关于"第三部门"的设计，很难深入我国具有中国特色的基层社区治理和社会组织发育的特殊性上来谈针对困境儿童的专业支持和社会服务。

第五，已有研究已经转移到家庭对于困境儿童本身的重要性，但非常遗憾的是，我们关于家庭在社会治理和公共服务中的角色功能研究和政策制度设计研究相当匮乏，重国而不重家，重宏观而不重主体的研究思路在福利制度研究中仍然存在，很难形成这方面的系统支持。

第六，城乡分割的格局仍然存在，不平衡和不充分的发展是我们无法回避的现实，这就给我们目前建设相对统一的儿童福利体系设置了障碍和阻力，但也形成我们思考问题的一个绕不过去的坎儿，即必须要在相当长的时期内将这个问题纳入理论和政策的架构中。

讨论一个学科或者一个议题的未来往往是费力不讨好的。所以这里笔者对未来的展望毋宁说是一个期待，一个针对长期以来困境儿童研究仍然亟待解决的系列问题，以及更重要的是，针对当前困境儿童这一群体的不利处境和整体改善和提升他们生活质量的一种期待。在这里，我期待并相信我们的研究会向以下几个方向加强：

第一，把困境儿童问题纳入"中国问题"思考，将儿童福利体系建设和中国特色社会主义建设结合起来，建立一种基于本土历史和国情的研究前提，在此基础上将困境儿童问题与诸如"经济建设为中心向社会建设转移"、"社会主要矛盾的转移"、"现代社会治理体系"、"坚持在发展中保障和改善民生"、"供给侧改革"、"乡村振兴战略"等关键词紧密结合起来，而不是过分强调欧美经验。

第二，能在研究中强调"儿童观"的摄入，尽可能以科学进步的儿童权利价值观取代成人福利视角，真正将中国的孩子们从成人的依附角色中解脱出来，建立独立的社会价值和身份体系，以此来指导困境儿童问题和儿童福利政策制度建设。

第三，能够在人口和卫生调查平台上建立全国范围内的儿童摸底调研数据支持，尤其是困境儿童的分类数据支持，作为研究和政策制度设计的基础，将研究从比较研究和抽象学理研究上升到更具体的实证研究，并能够形成全国困境儿童的系统印象，这对于统一的儿童福利体系建设至关重要。

第四，要在另一个维度上将研究层次具体分化，具体到：（1）在政策制度架构层面，从普惠到分类、从低保"兜底"到特殊救助，从福利到服务的各层面；(2) 从主体上具体分化到国家、市场、社会，再具体到各级政府、学校、社区、家庭，以及具体到专业机构和专业社会组织；(3) 从输出上具体到财政投入、社会慈善、专业心理和社会工作支持等，而不是更多集中在抽象的制度设计和框架建设层面。

第五，在研究人才角度，儿童福利的研究者仍然并没有成熟到有范式的区分，绝大部分困境儿童的研究者也并不是专注于这个领域，所以如何在学科建设上加以引导，让儿童福利研究能够在学术团队和社区角度得到加强，将更有利于这一领域研究的繁荣和持续。

基于上面的讨论，本书对困境儿童的研究努力尝试规避上述已有研究可能存在的问题，尝试通过对一个省的多层次调研来作为实证研究的基础，也力图在本土历史和国情基础上再参考借鉴西方的经验，同时也努力在更细致呈现各困境儿童群体生存与发展困境基础上，注重"普惠型"和"分类保障"整体宏观框架之外的更具体的思路，尝试将社会工作在基层的专业支持当作补充专业服务和社会组织力量介入的路径。在笔者看来，这种努力并不算是创新尝试，而是研究困境儿童本来应有的逻辑。

第一章　困境儿童问题与研究设计

"儿童是家庭的希望，是国家和民族的未来"①。1959 年 11 月 20 日获得联合国大会通过的《儿童权利宣言》中明确指出："鉴于儿童因身心尚未成熟，在其出生以前和以后均需要特殊的保护及照料，包括法律上的适当保护"；以及"原则二"："儿童应受到特别保护，并应通过法律和其他方法而获得各种机会与便利，使其能在健康而正常的状态和自由与尊严的条件下，得到身体、心智、道德、精神和社会等方面的发展。"由于生理上的弱势以及诸多社会因素的影响，仍然会有部分儿童处于各类困境，其生存和发展难以保障。在我国儿童权益保障事业取得长足进步，社会福利救助已经不断完善的今天，部分儿童也仍然面临贫困、残疾、监护缺失或者虐待、遗弃、拐卖、不法伤害等不利处境，需要我们去解决和应对。

第一节　儿童生存与发展的基本状况

联合国《2014 年人类发展报告》中指出："几乎所有人都会面临人生的脆弱阶段。但某些人或群体会因不同的社会和经济地位或在不同的人生

---

① 《国务院关于加强困境儿童保障工作的意见》(国发〔2016〕36 号)，2016 年 6 月 16 日。

阶段（从出生时起）比其他人更加脆弱。"① 儿童作为生理性弱势群体，影响其生存状况的主要因素来自于环境，与经济社会发展密切相关，但更重要的是整体社会保障与社会福利状况以及专门针对儿童的福利与保护政策。一般而言，发达国家中，对儿童的公共政策和社会福利供给已经成为整体社会福利系统中的一个前提，但在其他许多国家与地区，儿童的生存与发展还远未得到充分的保障。具体到中国，儿童福利事业已经取得了长足的进步，但仍然需要进一步系统化和持续完善。

一、儿童在世界范围内的整体生存困境

困境儿童的多方面权利存在挑战，《2016 年世界儿童状况报告》指出："今天当我们环顾全球，我们不得不面临一个让我们感觉不舒服但难以否认的事实：由于出生的国家、社区、性别以及其他环境因素影响，成千上万儿童的生活在变差。并且，正如报告数据所显示的那样，除非我们加快接近他们的步伐，不然那些弱势儿童的未来，以及他们的社会的未来，将陷于困境。"② 这种弱势的困境是综合的，不仅包括匮乏的物质条件，还包括健康、医疗、教育以及人身安全等问题。

（一）贫困

全球还有大量儿童，特别是来自弱势人群的儿童生活在贫困之中，贫困问题几乎是无论发达国家还是发展中国家的困境儿童所面临的共同问题。《2016 年世界儿童状况报告》的数据显示，除非我们采取行动来消除不平等，否则到 2030 年，生活在极端贫困中的儿童数字将达到 1.67 亿人。2015 年 10 月，世界银行的研究成果显示，按照每天 1.90 美元的国际贫困线标准，2012 年大概有 9 亿人口生活在贫困线以下。而越贫困，家庭规模通常越大，儿童所占比例越高，17 岁以下贫困儿童比例要占到低收入

---

① 联合国开发计划署：《2014 年人类发展报告：促进人类持续进步：降低脆弱性，增强抗逆力》，第 55 页。

② United Nations Children's Fund (UNICEF)：*The State of The World's Children 2016：A Fair Chance for Every Child*，June 2016，p.72.

和中等收入国家人口的34%，达到贫困人口总数的将近一半（46%）。[①] 不管导致贫困的原因如何，贫困本身引发的后果是综合的，物质的匮乏会引发健康问题，直接或间接导致教育机会的缺乏或丧失，同时底层阶级的处境也会影响儿童的社会化，可能会造成心理和行为的偏差，进而影响儿童和青少年的发展。

（二）健康

在低收入和中等收入国家，包括发达国家的贫困社区，由于生活资料和基础设施的匮乏，儿童的健康和医疗状况堪忧。据联合国儿童基金会估算，2015 年至少有 100 万儿童，出生即死去。全球范围来看，新生婴儿（出生到 28 天）死亡率下降速度要低于 1 个月到 5 年的儿童，这就意味着 5 岁以下儿童死亡率中，新生婴儿死亡比例反而增长了。2015 年新生婴儿死亡人数占总死亡人口的比例达到了 45%，比 2000 年增长了 5 个百分点。2015 年死亡的 5900 万 5 岁以下儿童中，一半以上是由于肺炎、腹泻、疟疾、脑膜炎、破伤风、麻疹、败血症和艾滋病所造成的。肺炎和腹泻仍然是 3 个 5 岁以下儿童死亡率最高地区的主要致死原因，这三个地区分别是东南非洲、南亚和中西部非洲。[②] 儿童是生理性弱势群体，儿童的健康也是最考验一个国家和地区生活水平、医疗保健和福利救助制度的重要指标，因此有必要在保障政策中分类体现。

（三）教育问题

困境儿童除了面临基本的生存问题外，他们也面临严重的教育问题，困境儿童遭遇严重不平等的教育资源分配，他们只享受到了极少的教育资源，其中困境儿童中的女童教育问题尤为突出。联合国《2011 年世界儿童状况报告》指出："2005—2009 年，发展中国家的男孩小学净入学率达

[①]　参见 Ferreira, Francisco H. G., et al., A Global Count of the Extreme Poor in 2012：Data Issues, Methodology and Initial Results, *Policy Research Working Paper* 7432, World Bank, Washington, D.C., October 2015。

[②]　参见 United Nations Children's Fund (UNICEF)：*The State of The World's Children 2016：A Fair Chance for Every Child*, June 2016, pp.10-12。

到 90%，女孩达到 87%。撒哈拉沙漠以南非洲地区的比例最低，男女比例分别为 81% 和 77%。全世界有数百万青少年没有完成使他们可以接受中学教育的高质量的小学课程。"①

（四）人身安全问题

困境儿童由于家庭困难、环境恶劣等多方面的原因，面临诸多的家庭暴力、社会犯罪问题，他们的人身安全受到多方面的威胁；同时，需要注意的是，这种人身安全问题不仅仅是外界危险因素，诸如施加于儿童的交通、犯罪和暴力等外界因素，还可能是部分儿童青少年由于社会化问题参与到犯罪和暴力行为中而面临人身安全风险。在《世界儿童状况报告（2012）》中提及："犯罪和暴力影响到了数以千万的都市儿童，一些成为受害者或者攻击的目标，而另外一些则是诸如袭击、抢劫、宗教冲突或谋杀的目击者，甚至是参与者。"②

二、中国大陆儿童生存发展的状况与福利政策的进展

（一）基本状况

《2014 年〈中国儿童发展纲要（2011—2020 年）〉实施情况统计报告》中显示："截至 2010 年，《纲要》确定的主要目标基本实现。儿童健康、营养状况持续改善，婴儿、5 岁以下儿童死亡率分别从 2000 年的 32.2‰、39.7‰下降到 13.1‰、16.4‰，孕产妇死亡率从 2000 年的 53.0/10 万下降到 30.0/10 万，纳入国家免疫规划的疫苗接种率达到了 90% 以上。儿童教育普及程度持续提高，学前教育毛入园（班）率从 2000 年的 35.0% 上升到 56.6%，小学学龄儿童净入学率达到 99.7%，初中阶段和高中阶段毛入学率分别达到 99.7% 和 82.5%。孤儿、贫困家庭儿童、残疾儿童、流浪儿童、受艾滋病影响儿童等弱势儿童群体得到更多的关怀和救

---

① 联合国儿童基金会（UNICEF）：《2011 年儿童状况报告》，2011 年 12 月，第 26 页。

② United Nations Children's Fund (UNICEF)：*The State of The World's Children 2012*：*Children in an Urban World*，February 2012，p.42.

助。"① 在该报告以及之前的实施情况统计报告中，均显示了《中国儿童发展纲要》设计指标的进步和实现情况，这也就说明，各项数据显示了中国儿童生存状况在显著提升。

分析这种提升背后，经济与社会发展带来的城乡居民生活水平的提高和社会环境的随之优化是根本动力，也应该看到医疗卫生保健和福利水平的提高是直接的影响因素。但同时不应该忽视的是，转型期社会问题和矛盾进一步凸显，在城乡差距和社会分层的作用下，儿童问题逐渐复杂化和多元化。特定儿童群体由于缺乏具体的政策和制度保护以及支持，生存处境并不乐观，贫困儿童、留守儿童和流动儿童等问题依然存在。

（二）儿童福利政策的新进展

总的来看，中国的儿童福利状况正在经历着"补缺型"向"普惠型"发展的转型期，福利制度的逐步健全为困境儿童的福利和保障提供了一个良好的前景。学者尚晓媛等曾对其作出了一个基本判断：2011 年，中国多支柱、多层次儿童福利的制度框架初现雏形，多维度儿童福利进入政策视野，普惠型儿童福利取得重大突破。其主要标志包括以下几个方面：一是儿童福利的理念进一步更新；二是儿童最基本的生存权利和受保护权利在社会和政府的共同努力下，获得了突破性的进展；三是普惠型儿童福利领域取得了创新性发展；四是社会积极参与儿童福利的制度建设，儿童福利非政府组织的注册登记问题破冰。② 受联合国儿童基金会资助的北京师范大学公益研究院在 2013 年的报告中也指出："回顾总结 2012 年以来儿童福利政策的发展以及社会力量参与儿童福利服务的轨迹，呈现出以下几个特征：儿童福利津贴向普惠型发展，中央财政安排孤儿基本生活保障补助资金 24.3 亿元，惠及全国 61.6 万孤儿，并逐步向事实无人抚养等困境儿童延伸；普惠型的专项补贴制度进一步深化，27 个省市落实启动学前教

① 国家统计局：《2014 年〈中国儿童发展纲要（2011—2020 年）〉实施情况统计报告》，2015 年 11 月 27 日，http://www.stats.gov.cn/tjsj/zxfb/201511/t20151127_1282230.html。

② 参见尚晓媛、王小林等：《中国儿童福利前沿（2012）》，社会科学文献出版社 2012 年版，第 3—4 页。

育资助制度，农村义务学生营养改善计划完成 680 个国家试点地区的实施工作；一系列儿童权利受侵害的事件引发儿童福利制度反思并推动政策进步，促成了幼儿园师资规范、校车安全、收养制度等领域政府的积极行动和有效回应；政府购买服务推动儿童公益专业化发展，2012 年获得中央财政支持的儿童类服务项目 102 个，项目资金 5700 万元。"①

　　但同样不容忽视的是，困境儿童的困难和问题仍然比较突出，体现在生存和发展的各个领域。与发达国家相比，我们的政策制度和保障理念仍然存在着有待提高的空间。具体而言，在普惠型福利制度不断扩大和发挥效能的同时，如何对困境儿童群体进行人口特征、问题和需求等指标体系进行细分，从而能够针对性地提供更为适切的保障和服务，形成从"兜底"到分类、从普惠到专业的系统框架，已经成为当前和未来工作的重点。

第二节　问题的提出

　　2013 年 6 月 27 日，民政部发布《民政部关于开展适度普惠型儿童福利制度建设试点工作的通知》，明确指出：适度普惠型儿童福利制度总的思考是：本着"适度普惠、分层次、分类型、分标准、分区域"的理念，按照"分层推进、分类立标、分地立制、分标施保"的原则和要求，立足当地经济社会发展状况、儿童生存与发展需要和社会福利制度的发展，全面安排和设计儿童福利制度。这就为后续的儿童福利制度构建提供了一个明确的框架，也为我们深入研究困境儿童的社会福利提供了一个总体方向，那就是把儿童问题从一般性的社会福利支持中区分出来，在适度普惠的基础上，将政策和制度支持与困境儿童群体的具体问题和需求进一步紧密结合，按"层次、类型、标准、区域"的不同，设计不同的福利制度和公共服务支持。

---

① 北京师范大学中国公益研究院：《以儿童梦托起中国梦——中国儿童福利政策报告（2013 摘要版）》，2013 年 5 月，第 1 页。

一、民政部政策的具体解读

（一）明确"困境儿童"作为特殊工作对象

《民政部关于开展适度普惠型儿童福利制度建设试点工作的通知》中进一步指出，所谓"适度普惠型"，是指逐步建立覆盖全体儿童的普惠福利制度。"分层次"，是将儿童群体分为孤儿、困境儿童、困境家庭儿童、普通儿童四个层次。"分类型"，是将各层次儿童予以类型区分，孤儿分社会散居孤儿和福利机构养育孤儿两类；困境儿童分残疾儿童、重病儿童和流浪儿童三类；困境家庭儿童分父母重度残疾或重病的儿童、父母长期服刑在押或强制戒毒的儿童、父母一方死亡另一方因其他情况无法履行抚养义务和监护职责的儿童、贫困家庭的儿童四类。"分区域"，是指全国划分为东、中、西部，因地制宜制定适应本地区特点的儿童补贴制度。"分标准"，是指对不同类型的儿童，分不同标准予以福利保障。因此，可以明确的是，"适度普惠型儿童福利制度"的工作重点方向实际上是两个：一个是普遍提高儿童的社会福利水平；另一个是重点强调和突出处于不利处境儿童群体问题在整体儿童福利中的重要意义。这与以往儿童福利问题"嵌入式"的角色地位相比，已经有了质的突破，这就意味着至少在将儿童作为相对独立的特殊福利对象这一层面，我国已经开始和发达国家接轨。

（二）提出"分类施保"的框架设计

传统的、笼统的福利制度将儿童福利的政策和制度设计"嵌入"整体福利设计或者妇女（比如通常叫作"母婴"或者"妇女儿童"）福利设计，最大的问题在于理念的笼统性会直接导致政策和制度上的模糊性，会忽略这一群体和其他群体在问题和需求上的区别，以及这一群体自身在群体内部和群体问题与需求的差异性，从而造成福利供给和群体需求的相对脱节，造成福利制度与实施的"失效"。因此，《民政部关于开展适度普惠型儿童福利制度建设试点工作的通知》中提出的"分层次、分类型、分标准、分区域"的制度设计理念是一种"分类施保"的思路，可以有效针对这一群体的特殊性以及其内在的差异性进行具体设计，相对于传统而言是一个重大的转型和更新，也是顶层设计科学化、专业化和本土化的一种具体体现。

毋庸置疑，这种理念和顶层设计思路的变革在给我们指明了方向的同时，也提出了挑战——如何实现适度普惠？如何将适度普惠与本土当前儿童问题和需求相结合？如何在兼顾城乡差异的前提下具体设计"分层次、分类型、分标准、分区域"的"分类施保"制度和服务供给？这就需要具体摸清楚当前我国儿童生存和发展的具体状况，了解这一群体以及更细化群体的特征和内部差异及其外在环境和生态因素，在此基础上才能提供对上述问题的回应和对策建议。

二、本书要解决的问题

本研究并不企图对整个儿童群体进行研究，而是希望将研究聚焦于那些处于不利处境的儿童及其支持系统，也不企图对如何进行适度普惠进行深入探讨，而是希望对不利处境儿童及其更具体细分的"子群体"的群体特征、不利处境和目前的福利支持状况进行探索性研究，并希望能够在"分类保障"的思路下思考福利制度设计和供给的一些具体问题，提出相应的对策建议。

（一）关于"困境儿童"的界定问题

从已有政策制度和研究来看，关于困境儿童的界定实际上并不特别清晰和一致。按照"内涵"、"外延"的概念划分来看，目前的研究多集中在"外延"方面，比如刘继同分别在 2005 年[①]、2007 年[②] 两次探讨过"困境儿童"的概念，都是从弱势儿童的构成来讨论的。尚晓媛、虞婕建议，应该构建困境儿童的三级概念体系，困境儿童一级概念下包括生理性困境儿童、社会性困境儿童和多重困境儿童三个二级概念，其中生理性困境儿童包括残疾儿童和大病儿童两个三级概念；社会性困境儿童包括脱离家庭

---

① 参见刘继同：《国家与儿童：社会转型期中国儿童福利的理论框架与政策框架》，《青少年犯罪研究》2005 年第 3 期。

② 参见刘继同：《中国社会结构、家庭结构功能变迁与儿童福利政策议题》，《青少年犯罪研究》2007 年第 6 期。

环境的儿童（被遗弃儿童、被拐卖儿童、孤儿、父母被剥夺监护权的儿童和流浪儿童）、困境家庭儿童（父母重度残疾或重病的儿童、父母长期服刑在押或强制戒毒的儿童、父母一方死亡另一方因其他情况无法履行抚养义务和监护职责的儿童、贫困家庭的儿童、受到忽视和虐待的儿童）两个三级概念；多重困境儿童是指既存在生理困境又存在社会困境的儿童。①

从已有研究来看，国内学者对"外延"的研究主要是从"困境"的差异来区分不同的群体，一般认为主要包括"孤儿（含弃婴）、事实无人抚养儿童、流浪儿童、受暴力侵害儿童、残疾儿童、艾滋病感染儿童、患重病或罕见病的儿童等群体；其中，事实无人抚养儿童又包含四个子类，第一类为父母一方死亡、另一方失踪或弃养的儿童，第二类为父母双方均为服刑人员，或一方服刑、一方弃养的儿童，第三类为父母双方均患重度残疾的儿童，第四类为父母均患重病的儿童"②。实际上这一外延概括并不完整，至少漏掉了贫困家庭的儿童。按照尚晓媛等人的梳理，"困境儿童的概念，最早是从英文翻译过来的政策术语。在国际儿童福利组织使用的术语中，指代因为各种情况，需要获得特殊帮助的儿童。和困境儿童相关的英文概念包括：children in difficult situation（困境儿童）、vulnerable children（脆弱儿童）、children with special needs（有特殊需求儿童）、children at risks（高风险儿童）。除此之外，根据儿童本身所处的具体困境，还有孤儿、受艾滋病影响的儿童、流浪儿童、受国家照料的儿童（children in care by the state）"③。

从内涵上讲，研究主要集中在对困境的界定和描述上，比如李迎生在 2005 年的研究中将"困境儿童"具体界定为"由于社会、家庭及个人

---

① 参见尚晓媛、虞婕：《构建"困境儿童"的概念体系》，《社会福利（理论版）》2014 年第 6 期。

② 陈鲁南：《"困境儿童"的概念及"困境儿童"的保障原则》，《儿童福利》2012 年第 7 期。

③ 尚晓媛、虞婕：《构建"困境儿童"的概念体系》，《社会福利（理论版）》2014 年第 6 期。

的原因，其基本权利难以得到切实的维护，因而其生存和发展遭遇障碍，需要借助外在力量支持和帮助的儿童"①。陈鲁南在 2012 年的研究中则界定为"暂时或永久性脱离正常家庭环境的儿童，以及生理、精神方面存在缺陷或遭遇严重问题的儿童"②。这两个界定一个是强调困境的原因，一个强调困境的性质，但相比较而言，第一个界定更为完善。

从政府的操作层面来看，政策和制度中的"困境儿童"更强调对对象的圈定和区分，所以更关注外延上的可操作性。2014 年 4 月 28 日民政部在《民政部关于开展适度普惠型儿童福利制度建设试点工作的通知》中的界定，将困境儿童分残疾儿童、重病儿童和流浪儿童三类；困境家庭儿童分父母重度残疾或重病的儿童、父母长期服刑在押或强制戒毒的儿童、父母一方死亡另一方因其他情况无法履行抚养义务和监护职责的儿童、贫困家庭的儿童四类。2016 年 6 月 13 日国务院发布的《国务院关于加强困境儿童保障工作的意见》（国发〔2016〕36 号）中指出："困境儿童包括因家庭贫困导致生活、就医、就学等困难的儿童，因自身残疾导致康复、照料、护理和社会融入等困难的儿童，以及因家庭监护缺失或监护不当遭受虐待、遗弃、意外伤害、不法侵害等导致人身安全受到威胁或侵害的儿童。"非常值得关注的是，留守儿童实际上并没有被纳入困境儿童中。国务院在 2016 年的 2 月 14 日另外发布了《国务院关于加强农村留守儿童关爱保护工作的意见》（国发〔2016〕13 号），实际上也就意味着留守儿童属于需要关注的弱势儿童群体，但除了与困境儿童交叉部分，并不会被纳入困境儿童的社会福利体系中来。

在本项研究中，笔者认为关于内涵的争议实际上还是要最终服从政策和制度设计的操作性，也即最终要落实到外延上，因此本研究的讨论将不再就内涵进行厘定。但就外延而言，笔者觉得有必要将 2014 年所发布

---

① 李迎生：《弱势儿童的社会保护：社会政策的视角》，《西北师大学报》（社会科学版）2006 年第 3 期。

② 陈鲁南：《"困境儿童"的概念及"困境儿童"的保障原则》，《儿童福利》2012 年第 7 期。

的《民政部关于开展适度普惠型儿童福利制度建设试点工作的通知》中的界定与国务院 2016 年的界定相结合，同时借用李迎生关于困境儿童内涵的界定，困境儿童应该指的是：由于社会、家庭及个人的原因，其基本权利难以得到切实的维护，因而其生存和发展遭遇障碍，需要借助外在力量支持和帮助的儿童。具体包括因家庭贫困导致生活、就医、就学等困难的儿童，因自身残疾导致康复、照料、护理和社会融入等困难的儿童，以及因家庭监护缺失或监护不当遭受虐待、遗弃、意外伤害、不法侵害等导致人身安全受到威胁或侵害的儿童。

（二）按照不同群体了解我国内地困境儿童的不利处境及其影响因素

按照上面的界定，实际上困境儿童可以具体划分为孤残儿童、重病／特大病儿童、困境家庭儿童（因家庭监护缺失或监护不当遭受虐待、遗弃、意外伤害、不法侵害等导致人身安全受到威胁或侵害的儿童）、贫困家庭儿童四个主要组成部分。本研究在此基础上，又加入了"流浪儿童"一类，旨在具体了解和把握我国内地困境儿童的生存和发展困境的具体状况，同时也希望通过实证调查，分析造成这种困境的原因和影响因素，为提供针对性的政策和制度设计提供素材和依据。

（三）了解不同困境儿童群体当前所面临的问题和需求

如果要对困境儿童进行"分类保障"的话，那么要了解各类儿童群体所面临的问题和需求是重中之重，是针对性设计的基础。对于各类困境儿童来说，问题的关键主要在于透过福利和服务输出改善其不利环境，因此必须了解社会和家庭所存在的问题。而对于困境儿童及其家庭和社会支持网络来说，对主观和客观需求的了解是应对问题的重要渠道，也是本研究所重点关注的方面。

（四）了解不同困境儿童群体已有的福利和服务支持概况

不管是民政部的通知，还是国务院的意见，都代表着政府对于困境儿童的福利和服务体系进行再转型升级和进一步强化的努力。要从传统补缺型福利制度向适度普惠型福利转变，就需要盘清已有的政策和制度设计以及福利与服务输出的机制及其环节，既要盘点资源，也要评估成效，总结经验和不足。这种工作要具体到每个困境儿童群体，才能为"分类保障"制度设计提供素材，奠定基础。

（五）按照在"适度普惠"基础上"分类保障"的思路提供针对性的对策建议

民政部的通知中，适度普惠型儿童福利政策已经提出"适度普惠、分层次、分类型、分标准、分区域"的理念，以及"分层推进、分类立标、分地立制、分标施保"的原则和要求。但考虑到儿童工作的多元主体性以及问题和需求的复杂性，我们会尝试将"分类保障"的外延扩大，即除了政府的分层次和标准的福利设计和输出外，也要将政府的社会福利机构、民办非企业单位、社会团体（残联、妇联）和民间社会组织的保障和服务也囊括在内，尽可能从儿童福利和服务体系的系统建设出发来研究分类保障问题。所以这里的分类保障将进一步扩展为：政府的困境儿童福利补贴、困境儿童福利救助项目，社会团体的困境儿童救助和儿童服务项目，社会组织的困境儿童救助和服务项目，也包括社区的困境儿童社会支持和社区服务等。按照这一思路，在对内地困境儿童分群体的现状考察、问题和需求分析以及现有福利与服务盘点评估工作的基础上，本研究的最终目的是就"分类保障"制度设计提供针对性的对策建议。

第三节　项目研究设计

一、研究对象

考虑到研究的条件和实际需要，本研究在全国资料和数据搜集的基础上，以 HB 省为典型个案，按照困境儿童福利和社会保障系统的主体设置为线索，选定研究对象如下：

（一）政府部门

主要包括对省级政府民政和社会保障部门困境儿童保障政策制度建设和政策行为的考察。包括文件制度资料的搜集、政策行为的文本和相关报道以及制度体系建设状况，为困境儿童的生存处境提供一个政策和制度背景，同时作为制度评估的基础。本次调查主要集中在 HB 省民政厅、BD 市民政局两个层面，针对当前政府部门福利和保障行为的政策执行、目标导向、覆盖范围、社会效果、存在困难等问题访谈了部门处室主要负责人和具体岗位科员。在针对困境家庭儿童的调查中，也涉及到了司法和公安部门。

（二）社会团体

与困境儿童保障和服务相关的社会团体主要涉及妇女联合会、残疾人联合会两个重要部门。访谈主要针对这两个部门与政府工作的相关和互补性，具体到开展项目、投入经费、救助和服务效果、工作经验和障碍等多个方面，主要访谈对象为 HB 省妇联和选定县市妇联的儿童部和相关工作负责人、项目主管；HB 省残联和选定县市残联的相关工作负责人。

（三）福利机构

福利机构主要包括儿童福利院（蓝天计划）和特教学校。访谈主要涉及孤残儿童的收容和教养工作，包括福利机构目前的工作内容、服务项目、工作经验和困难等方面。主要访谈对象为机构负责人和一线服务员工。

（四）困境儿童、家庭与社区

以上述部门为线索，选定困境儿童及其家庭为调查对象。根据 HB 省具体情况，在 BD 市、CZ 市、TS 市分别选定了 10 户孤残儿童家庭作为分散居住典型代表，对困境儿童及其家庭进行深度访谈；同时选定 HB 省 BD 市最大的残疾人和贫困人口集中社区——XHY 社区作为集中调查样本社区，对残疾儿童、残疾人家庭儿童、贫困家庭儿童进行抽样调查。获得有儿童的残疾人家庭 26 户，有儿童的贫困家庭 53 户，对其典型特征、困境和需求进行了科学的评估。同时分别抽取 5 户典型代表进行了深度访谈。

二、研究思路

第一，对国内外相关文献、经验研究和实务进展进行梳理、总结与概括，了解和把握国内外相关领域理论研究和实务的最新进展，为后续研究积累经验。第二，以 HB 省为典型案例进行实地调研，按照困境儿童分类，分别制订针对三类困境儿童和四类困境家庭儿童的调研计划，将政府部门、社会团体、福利机构、社会组织、社区和困境儿童家庭纳入研究对象范围内。总结概括并分析困境儿童的群体特征、生存处境和面临的问题，并且深入发掘问题的发生机制。第三，将儿童救助和支持的效果评估纳入研究中，科学评估目前儿童福利制度的效果，概括其成绩和不足。第四，在困境问题发生机制得到澄清的基础上，依托现有的儿童福利框架，包括社会救助、机构照管和社会支持框架，适应中国本土社会福利转向的大趋势，在国家—市场—社会分工合作的格局下，借鉴已有经验，探讨和形成儿童分类保障制度和运作机制的系统化、科学化、专业化设计。具体研究框架如图 1-1 所示。

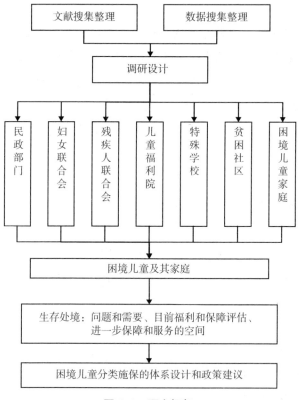

图 1-1　研究框架

第二章　国内外研究与实务进展

　　现代社会福利制度源自西方，自清末民初开始引入中国本土，但由于具体国情和历史条件的差异，我国的社会福利制度具有不同于西方的典型特色。N. 巴尔、郑秉文认为："在中国，过于简化的福利制度经历了三个阶段。1949 年以前不存在任何社会保障系统。第二阶段，在1949 年以后，按照苏联模式建立起了保障体系（以后再作深入讨论）。从 1979 年开始，面对在现代化进程中所出现的诸如失业等新问题，政府开始逐渐构建分散化的社会保障体系。"① 这种"分散化"实际上是一种"补缺式"的问题解决导向的制度设计过程，在这一过程中，儿童福利制度及其实施是从属于整体福利制度和"成人"福利制度的，客观造成了儿童主体地位的缺失。但在进入 21 世纪以来，随着福利制度的整体转型，儿童福利的主体地位逐渐上升，这是与国家政治、经济与社会诸领域发展密切相关的，同时也是不断学习和借鉴西方发达国家经验并本土化的过程。

---

① 　N. 巴尔、郑秉文：《福利国家经济学：对中国社会保障制度建设的一些建议》，《国外社会科学》2002 年第 3 期。

第一节　国外困境儿童研究和实务进展

一、国外儿童福利制度的相关经验

（一）美国

1. 发展历程①

美国的儿童福利制度发展大概经历了三个阶段。第一阶段，1875 年之前没有儿童福利制度及理念，政府及民间社会对于儿童的保护都是最低限度的，并没有形成系统的制度。第二阶段，19 世纪儿童福利领域发生改革运动以及政府、监护人、儿童三者关系的转变。首先是 19 世纪的美国关于儿童及童年的概念发生了巨大的转变，"童年"被看成是一个独立的发展阶段，父母有责任保护儿童，对儿童不能提供充分照料时，政府有责任加强干预。其次是 19 世纪后期开始，儿童福利和少年司法开始逐步分开，1899 年芝加哥建立了第一个少年法院。再次是 19 世纪中期，"国家侵权"的概念产生了，这意味着在父母不能正确履行监护职责时，国家应当予以干预并承担保护儿童的职责。最后是 20 世纪早期，有一些州最早通过了预防儿童虐待的法案，在 1912 年美国建立了联邦儿童局。第三阶段，经济大萧条期间联邦政府通过项目资助介入儿童福利领域的开端，1935 年《社会保障法》出台，规定了对儿童的援助。1946 年，修改了《社会保障法》，加入了对受抚养儿童予以援助的内容。这说明联邦国会开始通过了更多保护儿童的法律，促使联邦政府更多地参与到儿童福利工作当中去。第四阶段，20 世纪是美国儿童福利制度的快速发展和完善期。在此期间出台了大量的关于儿童福利的相关政策和法律，推动美国的儿童福利制度不断走向完善。

2. 福利保障内容

美国儿童福利制度建设具有明显的残补取向，坚持着"穷人靠国家，

---

① 参见韩晶晶：《儿童福利制度比较研究》，法律出版社 2012 年版，第 71—78 页。

余下的人靠市场"的制度设计原则。美国儿童福利联盟认为：儿童福利是针对那些父母无能力照顾、社区资源不足的儿童青少年，提供促其家庭和社区养育、保护儿童能力的服务。从福利项目的设计来看，几乎所有项目都是针对贫困家庭，大部分福利项目的执行是以资产调查为基础。美国对儿童福利的具体资助项目，归纳起来分为三大部分，儿童的照管和发展、收入补贴及医疗保障。[①] 从做法上来看，美国儿童福利的政策一方面是从儿童自身进行帮助，另一方面是从监护人入手。通过制定相关政策，加强对监护人的行为进行控制和限制，从而达到对儿童的保护作用，尤其是受到忽略、虐待、打骂的儿童。当前的福利改革提议中对贫困儿童的帮助集中在加强监护人的道德品行和责任感上。[②] 美国儿童福利制度发展有四个趋势：（1）联邦政府在儿童福利制度中发挥着越来越重要的作用；（2）越来越注重预防儿童被带离家庭；（3）与传统的寄养照料相比，更偏重亲属照料；（4）法院受理的儿童福利案件越来越多，案件处理时间越来越拖延。[③]

3. 福利体系框架

美国儿童福利行政最高领导机构是卫生及人类服务部，其下分为两个部分：公共卫生服务部门与人类服务部门。但实际负领导责任的却是社会保障署所辖的儿童发展局。在人类服务部门中设有"儿童家庭署"，其成立的宗旨在于促进儿童、家庭及社区的经济改善和社会福祉。在儿童家庭署之下又有儿童、少年及家庭处。儿童、少年及家庭处内设四个局，分别管理儿童福利的相关事务。各州社会福利行政组织体制各不相同，但都与联邦政府对应设立了儿童福利的行政管理体制。需要特别指出的是，在美国，具体执行儿童福利政策，提供儿童福利的大多并非是政府的，而是

---

① 参见陈彦：《中美两国儿童福利制度的比较分析》，《湘潮》2008 年第 5 期。

② 参见 Alexia Pappas. Welfare Reform：Child Welfare or the Rhetoric of Responsibility? *Duke Law Journal*，1996，40（6）：pp.1301-1328。

③ 参见韩晶晶：《儿童福利制度比较研究》，法律出版社 2012 年版，第 121—135 页。

非营利性质的，或者以营利为目的的福利机构。① 在地方上，各州社会福利行政组织体制虽然不尽相同，但是也配合联邦体制，在人类服务处下设儿童与家庭福利科（Division of Child and Family Welfare）。美国的儿童福利的行政管理十分严谨，所用经费需要发挥一定的效能，同时，不因行政而忽视各种社会工作方法的运用。

表 2-1　美国儿童、少年及家庭内设机构及其职能

名称	主要职能
儿童局（Children's Bureau）	负责儿童福利政策制定，提供经费补助，协助州政府进行儿童福利服务方案的执行。
托育局（Children Care Bureau）	拨款补贴各州的低收入家庭，进行托育服务的研发与支援，减轻家庭育儿负担，支持家庭功能建设，提高幼儿抚养质量。
家庭及少年局（Family and Youth Service Bureau）	对离家少年提供紧急庇护，协助其各项能力发展；办理教育宣导以预防离家少女受到性侵犯，提供补助，支持社区、非营利组织办理贫穷家庭少年的各项活动。
启蒙局（Head Start Bureau）	针对低收入户三至五岁儿童及其家庭，提供教育、营养和健康保障，以及社会和情绪发展等服务。

（二）瑞典

1. 发展历程

瑞典的儿童福利制度发展过程，大致分为三个阶段。第一阶段是 19 世纪末至第二次世界大战前，在生育率与儿童死亡率的高风险下，儿童照顾支持相关政策逐渐形成，制度的根基逐渐奠立。第二阶段是第二次世界大战后至 20 世纪 70 年代末期，相关现金给付（包括儿童津贴、生育给付、税式优惠）政策的出台，公共托育服务与亲职假给付政策逐步建立。1947 年，开始推行积极的儿童福利政策，并于该年开始实施儿童津贴，之后颁

---

① 参见邹明明、赵屹：《美国的儿童福利制度》，《社会福利》2009 年第 10 期。

布带薪亲职假法案。此后,瑞典政府于 1960 年制定了《儿童及少年福利法》,规范受虐待儿童及犯罪少年的强制性保护,隔年颁布了《儿童照顾法》,规范学前儿童与学龄儿童的托育服务。并于 1974 年开始实施普惠型的家庭津贴制度,以保障众多子女家庭的最低生活水准。特别是自 20 世纪 60 年代起大规模投资于公共托育措施;第三阶段为 20 世纪 70 年代末期迄今,经过多年的发展,瑞典公共托育服务趋于成熟,发展不再明显,而便利女性就业与增进亲子关系的亲职假给付有较显著的发展。①

2. 福利保障内容

在儿童福利方面,瑞典是素有"儿童天堂"之称的国家,儿童福利制度非常完善,福利项目设置和福利支付形式多种多样,充分保障了儿童成长的各个方面。它的儿童福利制度建设主要体现在儿童津贴制度的建立和相关税收优惠政策的出台方面,如儿童津贴、生育补贴、税收优惠措施等。同时公共托幼服务和父母亲假期制度逐步建立。② 瑞典的儿童福利制度建设有三个显著特点:一是国家支持,政府负担。二是平等普及,通过一系列政策给予年轻家庭、低收入家庭、疾病者、丧失劳动力者以及其他弱势人群以相应的补贴,面向全体居民尽量平等地提供低费用的儿童看护服务、各层次教育、社会支持和医疗保健服务,尽可能让不同出身的儿童平等地享受各种社会福利和社会服务。这是通过采用对弱势儿童及家庭倾斜的政策和措施,充分体现和保证平等原则。三是母亲友好型福利政策,它的儿童福利政策充分配合父母工作需要,设计不同类型的亲职假,针对不同年龄段儿童家庭需要制定适宜的政策。③

3. 福利体系框架

瑞典儿童福利政策采取国家干预的方式,瑞典儿童福利的主管机构是中央社会事业部,负责全国儿童福利政策的规划及经费拨付。社会福利

---

① 参见何玲:《瑞典儿童福利模式及发展趋势研议》,《中国青年研究》2009 年第 2 期。

② 参见邹明明:《瑞典的儿童福利制度》,《社会福利》2009 年第 12 期。

③ 参见何玲:《瑞典儿童福利模式及发展趋势研议》,《中国青年研究》2009 年第 2 期。

服务的实际执行，授权地方政府全权负责，所以具体工作基本上由政府承担儿童照顾及家庭支持的责任。有关儿童社会福利的立法经瑞典议会批准后，一般由政府交国家保险局负责执行。儿童社会福利保障资金和各类社会服务费用，均由政府承担。费用由税收部门征收，由国家社会保险局负责管理，国家保险局根据法律规定制定具体条例和执行办法，监督各省和各市政区的地方保险局予以贯彻，实行专款专用。依据瑞典《社会服务法》的第二条规定，地方政府必须负担包括儿童福利在内的一切社会福利责任，所以在"社会服务法"的框架内，地方政府可以因地制宜各自制定法规，自主推行福利政策。同时，地方政府也可以开展社会福利募捐，借此筹措财源，不足的部分再向中央政府申请补助。《社会服务法》第三条规定，各地方政府设置社会福利委员会，以提供各种社会服务，瑞典实际负责执行儿童福利业务的部门，是各州政府的社会福利委员会。

表 2-2　瑞典儿童福利机构框架

名称	主要职能
中央社会事业部	负责全国儿童福利政策的规划及经费拨付。
地方政府	负责社会福利服务的实际执行，承担儿童照顾及家庭支持的具体责任。
国家保险局	负责管理儿童社会福利保障资金和各类社会服务费用，根据法律规定制定具体条例和执行办法，监督各省和各市政区的地方保险局予以贯彻，实行专款专用。
税收部门	征收税收，用于儿童社会福利的保障资金和社会服务费用。

（三）日本

1. 发展历程

日本的儿童福利政策发展大概经历了以下几个阶段：第一，萌芽时期，主要体现为宗教的"慈善性"儿童救济。第二，雏形时期，儿童保护观念和法制管理的初步形成。主要指的是明治维新时代的日本。第三，体制确立、全面推进时期，真正意义上的日本儿童社会福利保障制度是在第二次世界大战时期形成和确立起来的，以儿童"救助"为重心的"补缺型"儿童福利政策正式立法并在全国实行。第四，完善和调整时期，日本政府把 1973 年作为日本的福利元年，它不仅制定了弹性的福利政策、家庭政策，还制定了最低的社会保障制度，比如实施婴幼儿的医疗免费制度等。这一时期日本的各项福利政策趋于完善，建立了各种支持系统，并将儿童福利从特殊儿童扩展到一般儿童。第五，大变革时期，第二次世界大战后 50 年，日本的社会经济发生了天翻地覆的变化，它的社会保障体系也得到了发展和充实，主要还是以"补缺型"、"援助性"的儿童福利政策为主。

2. 福利保障内容

日本的儿童福利政策是秉承着家庭基盘的稳固充实、个人自立为指向的福利政策理念。家庭内的父母切实承担起各自应负责任与义务的企业社会理想型家庭模式的社会保障制度，是日本儿童福利制度最显著的特色。日本的福利制度正处在由补缺型向普惠型儿童福利政策的转变进程中，日本的儿童福利制度以对"儿童自立生活援助"为儿童福利事业的着眼点。例如日本《儿童福利法》在第六条和第二十七条中明确规定依据该法进行儿童自立生活援助事业，包括进行日常生活上的援助、生活指导以及就业指导支援等。另外日本关于儿童福利的法律特别多，形成了一套健全的保障体系。例如《儿童宪章》、《儿童抚养津贴法》、《母子福利法》、《儿童福利法》和"实施流浪儿童与其他儿童保护紧急措施"的行政命令等。

3. 福利体系框架①

日本的保障系统框架是推行地方政府（都道府县）、地方公共团体、企业和民间团体等多元化供给的福利模式，如图 2-1 所示。国家不直接承担供给事业，只限于对委托事务的指导、监督、咨询以及一部分国立儿童福利部分的规划和行政管理。走的是自助、互助、公助相结合的形式。调动社会力量参与，推进社会福利服务多样化，有利于缓解政府财力不足同

---

① 参见王晓燕：《日本儿童福利政策的特色与发展变革》，《中国青年研究》2009 年第 2 期。

全社会的福利服务需求巨大之间的矛盾。

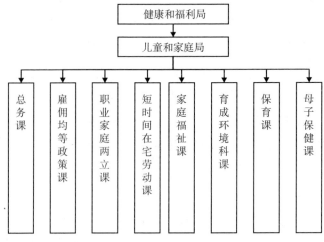

图 2-1 日本的儿童福利体系

（四）英国

1. 发展历程

英国的儿童福利制度的发展最早可上溯至 16 世纪，当时颁布的《伊丽莎白济贫法》中，有针对孤儿、流浪儿以及贫困儿童进行保护的内容。1889 年颁布的《儿童法案》，是第一个专门针对儿童权益保护，以防止儿童虐待为目的，附有强制刑事处罚条款的法案。自此之后直至 2011 年，英国国会共通过了 44 件专门规范儿童福利的全国性法律，其中，仅进入 21 世纪的 10 年来，颁布的法案就有 11 件，最新的两件法案颁布于 2010 年，分别为《儿童贫困法》和《儿童、学校与家庭法》。英国的儿童福利制度在不断发展，并逐渐完善。

2. 福利保障内容

英国高度重视儿童福利制度的建设，拥有完善的儿童福利立法体系。其儿童津贴以及相关福利制度在世界上起步较早，针对残疾儿童、特殊需要儿童的行政体制和康复服务机构、特殊教育机构十分健全，社区康复服务独具特色，特别是家庭寄养制度更是引领风气之先。其福利制度建设包括以下几个方面：（1）儿童津贴，包括普及的家庭津贴与有儿童的低收入家庭所得补助两种。（2）儿童信托基金。（3）税收抵免。（4）儿童生活费用津贴。（5）家庭寄养，多数为残疾儿童寄养于福利机构或者进入家庭。

3. 福利体系框架

英国儿童福利大概包括三个方面：国家医疗保健服务系统、国家社会服务系统以及国家教育服务系统，如图 2–2 所示。在推动社会福利的行政体系方面，英国是由社会安全部负责卫生保健与医疗服务，地方政府的社会服务部分负责各种福利服务。英国对社会福利的分工，是由中央政府主管社会安全与国民健康服务，地方政府则负责管理个人的社会服务。① 这三个部门主要负责特殊儿童的康复服务。国家医疗保健服务系统中的社区服务是为特殊需要儿童服务的主体。社区医疗保健服务又被分为不同的系统，如儿童发育中心、社区保健诊所、医生服务系统、OT（职业治疗）

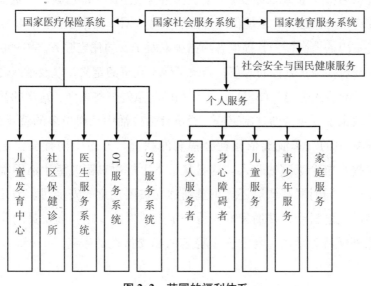

图 2–2　英国的福利体系

① 参见邹明明：《瑞典的儿童福利制度》，《社会福利》2009 年第 12 期。

服务系统、ST（言语治疗）服务系统等。每个社区所拥有的幼儿园、特殊学校、普通学校的特殊班，都接纳特殊需要儿童并根据所需配备不同的专业人员。社区中还有如孤独征协会、唐氏综合征协会、家庭权利小组、家庭福利协会、教育需求的父母咨询者、残疾注册者、资金援助者、社区支持小组、早期特殊需求咨询者等不同的项目、计划、活动小组为特殊需要儿童及其家庭服务。每一个社区至少有一所儿童发育中心，作为为各类特殊需要儿童服务的专业联合服务和管理基地。

二、困境儿童分类保障的相关经验

（一）美国

1. 立法建设

美国国会在1974年通过《儿童虐待预防法案》，该法案建立了儿童虐待与忽视的全国性标准定义，创设了对忽视与虐待的调查与通报制度，并要求提供通报儿童虐待或忽视个案者保密与安全保护的措施。儿童福利机构为受虐待与被忽视儿童提供支持性的服务。对于因家长失业、残疾而造成家庭贫困的情况，为其提供各项措施以及子女的住宅服务。[1]1996年美国联邦政府福利法进行的改革，修改了残疾儿童的定义，以及重新规定了接受"补充收入保障"（SSI）这个福利的儿童的一些条件。这次的社会福利改革政策主要是帮助贫困家庭在经济社会生活中获得更多的就业机会，促使家庭中的父母脱离依赖社会福利的状况，通过走向社会、走向工作，来提高整个家庭的收入，这是从根本上解决贫困儿童生活困境的一个着手点。同时联邦政府还提出重新建立贫困儿童的安全网，为儿童提供更多的上学机会，帮助家庭获得一定生活保障，增强高质量的儿童看护、课外项目和活动，建立一个稳定的和支持性的家庭。[2]1935年，美

---

[1]　参见薛在兴：《美国儿童福利政策的最新变革与评价》，《中国青年研究》2009年第2期。

[2]　参见 Shields，Margie K and Richard E. Behrman. Children and Welfare Reform：Analysis and Recommendations，*The Future of Children*，2002，12（1）：4-25。

国《社会安全法案》第四条规定，制订家庭援助计划（儿童福利津贴），提供现金补贴给孤儿和低收入家庭的儿童。1974 年，《儿童虐待预防及处理法案》要求资助各州对儿童虐待和忽视加以预防及处理。1975 年，《残障儿童教育法案》要求各州为残障儿童提供支持性教育、社会服务、社会保障。[1]1978 年，提出《儿童虐待预防处理及收养改革法案》，补充了更具实践操作性的虐待预防处理法规。1980 年提出《收养补助及儿童福利法案》，运用基金奖励和手续上的改革，促进儿童安置的预防及永久计划。"抚育未成年孩子的家庭援助计划"（AFDC）是对有孩子家庭的重要收入补贴项目，该项目是旨在帮助"父母一方丧失劳动能力，死亡、长期离家出走或失业家庭"里的孩子。[2] 针对流浪儿童问题，美国国会提出了一个《关于离家出走和无家可归青年的法令》（RHYA），并在 2003 年 10 月 10 日把它写进了法律。法案中提到，一些相关机构需要为这些流浪儿童以及青年（未满 18 周岁）提供暂时的住处（最长可达到 14 天）、食物、衣服、医疗保健，并帮助他们找到新的寄养家庭或者儿童福利院。[3] 美国城市韦斯特波特解决贫困儿童问题是通过制定一系列的补救项目，这些项目具有极强的针对性。例如，对儿童公共卫生健康、精神健康、残疾问题、上学问题、虐待儿童、忽视儿童以及儿童营养等方面都有相关的专门机构进行处理。这些福利制度对于调解儿童行为提供了一个特别的方式，为保证儿童健康的发展提供了一个综合全面的服务和保障。[4] 美国针对受虐待和被忽略儿童的寄养政策包括长期的亲戚收养照顾和专门的儿童福利机构提供的收养寄宿。充分为这些儿童提供一个良好的

---

[1]　参见邹明明、赵屹：《美国的儿童福利制度》，《社会福利》2009 年第 10 期。

[2]　参见陈彦：《中美两国儿童福利制度的比较分析》，《湘潮》2008 年第 5 期。

[3]　参见 Congressional Research Report for the People. The Runway and Homeless Youth Program：Administration，Funding and Legislative Action，http：//www.ovencrs.corn/documen31933/.2006-3-23。

[4]　参见 Maynard，Rebecca A. Poor Children and Welfare Reform by Olivia Golden，*Journal of Policy Analysis and Management*，1994，（3）：pp.600-602。

生活环境。

表 2-3　20 世纪 80 年代以来美国针对困境儿童的相关立法

年份	法律	主要相关条例
1984	《儿童虐待修正案》	1. 建立一个国际收养规定，保障特殊儿童寄养的需要。 2. 提供一个制定和实施联邦儿童收养和寄养保护的数据分析体系。 3. 要求各个州建立一个儿童医疗保护体系，包括针对残疾儿童的治疗以及生存条件问题。
1988	《儿童虐待保护、收养以及家庭服务法案》	1. 建立一个儿童虐待与忽视的国际机构工作小组，去处理相关的儿童问题。 2. 扩展儿童寄养收养计划项目。
1992	《儿童虐待，家庭暴力，收养以及家庭服务法案》	1. 研究和修订提供的援助活动。 2. 通过基础机构团体来进行保障措施的实施。 3. 要求 HHS 提供相关的儿童收养和寄养的信息和服务。
1993	《家庭保护和支持服务计划》	1. 鼓励各个州建立一个持续的为困境儿童及家庭提供服务的机构。 2. 要求各州发展家庭支持和保护计划。
1996	《儿童虐待保护以及治疗修正案》	1. 重新定义儿童虐待，包括死亡、严重的身体伤害和精神伤害、性虐待以及紧急的危险危害。 2. 增加新的对于虐待和忽视的问题的要求，延迟终止父母的权利，解决儿童保护缺乏公共监督的问题。
1997	《收养和安全家庭法案》	1. 重新授权家庭保护和支持服务项目。 2. 保障受虐待和被忽视儿童的安全问题。 3. 在特殊案例中，允许儿童进行减程序化的快速收养。
1999	《寄养独立法案》	1. 重新修订各州的计划，扩展独立提供教育、训练服务的机会以及收养青少年的财政支持。 2. 增加儿童收养资金的拨付。
2000	《儿童虐待保护及实施法案》	各个州通过授权使用联邦法律去完善司法体系，从而为儿童福利机构、组织提供及时的、精确的和完善的犯罪记录信息。
	《国家间收养法案》	略
2002	《促进安全和稳固家庭修正案》	略

年份	法律	主要相关条例
2003	《保障儿童及家庭安全法案》	强调增强儿童保护服务机构和公共健康、精神健康以及残疾机构之间的联系。
	《收养促进法案》	略
2005	《公平获得寄养法案》	略
2006	《安全、及时的州际寄养儿童行为》	增加了用于外部状态寄养安置儿童福利工作者的状态访问所需的频率，不会对任何国家与私人机构签订合同来执行这些访问的能力施加限制。
2008	《寄养成功与增加寄养法案》	1. 延长获得医疗补助的儿童接受亲属监护救助金的年龄。 2. 修订采纳援助的资格标准，从援助的家庭抚养子女的要求来进行采纳援助计划。
2011	《孩子和家庭服务改进法案》	略

2. 强大的社会组织支持

国际防止儿童虐待与忽视协会（ISPCAN），是一个汇集了全球专业人士，对儿童虐待、忽视和剥削进行预防及治疗的多学科国际组织。ISPCAN 的使命是防止在每一个国家的孩子，受到任何一种形式上的虐待，关注问题包括：儿童身体虐待、性虐待、被忽视、情感虐待，街头儿童，儿童死亡率，儿童卖淫，战争中的儿童和童工。

儿童虐待和忽视组织（SOCAN）于 1990 年建立，通过开展教育性的活动、会议并进行讨论，通过一系列对问题的分析，确认和提出解决这些问题的对策和方法，同时这个组织还进行针对受虐待和被忽视儿童的寄养问题研究。

关于儿童虐待和忽视的联邦机构工作组（FEDIAWG），是包含 40 多个解决儿童虐待和忽视组织的联邦机构。工作组定期举行会议，交换意见，并制定关于儿童虐待的方案和活动计划。同时这个组织在相关网站上介绍工作组的目标，并提供工作组的资源，列出了联邦成员机构，增强人们对该机构的认识，以更好地发挥该组织的作用。

美国虐待儿童专业学会组织（APSAC），主要是用来进行专业的儿童虐待方面的预防、评估、干预和治疗。主要目标有：（1）防止和消除儿童虐待的发生。（2）促进研究同时加强专业指导的实践。（3）从多学科、多方面入手来更好地应对儿童虐待问题。（4）对公众进行儿童虐待和忽视方面的教育。

美国儿童福利联盟（CWLA），是美国服务弱势儿童、青少年和家庭最早的国家组织。CWLA 提供培训、咨询和技术援助，是一个由儿童福利方面专业人士组成的机构，同时教育公众有关被虐待、被忽视的新问题，特别是危险儿童的问题。通过出版物、会议、电话会议、CWLA 新兴趋势的信息等来对儿童福利（家庭寄养、亲属照料、收养、青少年正面发展等方面）进行研究和探讨，找到解决的办法。

健康保护组织（HCM），用来保障儿童在寄养期间的健康保护，是其他保护儿童及青少年寄养保护的基础，同时这个健康保护计划是儿童福利的一部分。该组织由以下几部分构成：（1）在医疗家庭获得医疗保健。（2）健康信息和医疗保健记录的维护。（3）健康保险、协调服务，确保所有适当的必要的措施，并建议符合卫生健康标准的医疗保健服务。（4）加强医疗健康、心理健康、儿童福利、法律和司法之间的联系与沟通。（5）提供寄养父母的健康信息和教育信息，方便儿童寄养工作的展开。

（二）日本

日本的分类保障措施重点集中在各项法规设计方面。日本《儿童福利法》在第二十四条关于残障儿童的福利保障中规定，智力残障儿童设施的设置者，针对残障儿童所具有的能力和适应性，行政机关、教育机关以及其他各相关联机构都应紧密地合作，以使残障儿童能够自立地从事日常生活和社会生活。这些法律规定对各种残障儿童，包括智力的、肢体的、重症身心的、精神情绪的、盲聋哑等残障儿童，除了提供保护、治疗外，更是重点进行日常社会生活指导和授予知识技能。这说明日本的残障儿童福利已经从医疗保护其对象的时代进入了教育其对象的时代。①1946 年颁布了《生活保护法》和《实施流浪儿童与其他儿童保护等紧急措施》。1947 年颁布了《儿童福利法》，这部法律是后续相关儿童法律的基础。随后又相继颁布了 1962 年的《儿童津贴法》、1964 年的《重度智障儿童抚养津贴法》、1965 年的《孕产妇和儿童卫生法》、1966 年的《特殊儿童抚养津贴》、1971 年的《儿童津贴法》。在《儿童福利法》中第二条第一项中提到："日本的全部公民有责任去保障儿童的生理和心理的健康成长以及所有儿童最基本的经济需求。"随之的一些相关法律提供了各种各样的保障儿童经济生活需求、健康和社会服务等的项目。②1974 年，颁布了"支付特别儿童抚养津贴"，同年实施"障碍儿童保育"等措施，扩充特殊教育及障碍儿童的保育政策。2000 年，颁布了《儿童虐待防止法》，并于 2004 年、2007 年分别对其进行了修订，以应对虐童事件的不断出现。法律规定公民如发现虐童现象必须向"儿童咨询所"报告，法律还明确规定了"咨询所"的工作人员拥有介入家庭进行现场调查的权利。

（三）瑞典

瑞典在分类保障方面的突出经验是各类经济援助和社会服务供给。瑞典设有残疾儿童津贴，抚养残疾儿童的父母可以收到一笔补贴，用于照顾孩子，该补贴与孩子的需要有关，支付方式有 1/4、1/2、3/4 和全额四种，此项费用的最高额度为每年基本费用价格的 2.5 倍。单亲儿童津贴，对单亲家庭的每个孩子，由地方社会保险署付给监护方父母一定的生活补贴费。还有一些儿童收容服务，例如婴儿院、母亲之家、母子之家、特别之家，收养对象为一般家庭无法胜任养育工作的身心障碍儿童。③瑞典对于受虐待的儿童及犯罪青少年（包括酒精、麻药滥用者），大多采取寄养家庭作为儿童保护的主要措施。1982 施行《社会服务法》之后，将寄养家庭改为"家庭之家"，以尊重个人隐私，并消除寄养子女的概念。另一

---

① 参见王晓燕：《日本儿童福利政策的特色与发展变革》，《中国青年研究》2009 年第 2 期。

② 参见 Ozawa, Martha N. Child Welfare Programs in Japan. *Social Service Review*, 1991, (1): pp.1-21。

③ 参见邹明明：《瑞典的儿童福利制度》，《社会福利》2009 年第 12 期。

种"看护、居住之家"的社会服务公共机构，也协助少年戒毒及酒精中毒者的治疗。

（四）英国

英国的典型经验则在于依托立法确保政府和机构间的联动。在英国，有家庭支付服务，主要是针对残疾儿童的养育和照料。儿童保护服务强调机构间的合作，保证儿童不受虐待。1883 年全国防止虐待儿童协会成立，1889 年 5 月发展成为一个全国性的组织。1889 年通过了《儿童章程》，进一步保障儿童的安全，并在 1944 年颁布了《教育法》，针对缺陷儿童的法律条款有了详细规定。此后英国相继制定了 1970 年的《缺陷儿童教育法案》、1973 年的《就业与训练法案》，来保障残疾儿童的成长权利。[1] 英国 1988 年的《儿童法案》是最全面的处理家长监护制度以及儿童保护制度的法案，代替了 1971 年的《监护人法案》和 1980 年的《儿童保护法案》。法案中提到，当儿童成为保护法案保护对象，并遭受虐待或者可能受到虐待时，当地的权力机构必须要与他们的父母或者其他监护人进行合理的联系与沟通，并将儿童保护起来。之后，父母必须向相关机构申请与孩子的见面与沟通。[2] 英国政府对于残疾儿童的教育和福利特别关注，主要由 3 个部门负责特殊需要儿童的康复服务：国家医疗保健服务系统、国家社会服务系统以及国家教育服务系统。英国的社区中都接纳特殊需要儿童并根据所需配备不同的专业人员，还会举办一些社团组织或者协会，例如，孤独症协会、唐氏综合征协会、家庭权利小组、家庭福利协会，同时还会开展教育需求的父母咨询者、残疾注册者、资金援助者、早期特殊需求咨询者等项目和社区支持小组，为特殊需要儿童及其家庭服务。

本书特选取了美国、瑞典、日本以及英国四个国家分别作为发达国家各类模式的代表，通过对这四国儿童福利制度相关经验的介绍，我们可

---

① 参见邹明明：《英国的儿童福利制度》，《社会福利》2009 年第 11 期。

② 参见 Pearl, David. Family Responsibilities and Children's Welfare. *The Cambridge Law Journal*, 1989, 48 (1)：pp.36-38。

以作出以下总结：第一，当代西方发达国家的儿童福利制度的发展大都经历了从"补缺型"的福利制度向"普惠型"的福利制度转变，以保障儿童的健康成长与正常生活为基本原则，主要针对儿童的需求，制定与实施人道主义的法规、政策与实施方案；第二，这些国家都拥有强有力的相对独立的儿童福利管理机构，通过各机构的明确分工与责任，采取体系化与人性化的安置措施，注重家庭的作用和儿童利益最大化的充分实现；第三，这些国家都积极倡导非政府机构和社会资源的积极参与，建立政府与社会组织的伙伴关系，使得儿童福利保障主体多元化，从而为儿童提供更加全面、完善的社会保障。这些经验为我国儿童福利制度的发展提供了借鉴与方向，应在此基础上结合我国国情，建立一套有中国特色的儿童社会福利保障体系。

第二节　香港、台湾地区困境儿童分类保障制度研究与实务进展

一、香港相关制度与实务进展情况

（一）儿童福利制度的发展历程

20 世纪 60 年代初期，香港地区经济进入高速发展的时代。1961 年的人均 GDP 为 2053 港元，1962 年的人均 GDP 达到 2628 港元，当时世界上的中等发达国家的 GDP 水平也不过如此。[1]1965 年香港政府发布了第一个社会福利政策白皮书，标志着香港社会保障事业真正进入发展阶段。自 1965 年始至 1991 年，香港政府颁布了 5 份社会福利白皮书，实行了一整套符合香港自由市场经济制度的社会福利保障制度，确立了政府承担社会福利建设的主要责任，各志愿机构与慈善机构逐渐从提供慈善服务转向提供专业性的福利服务。香港的社会福利也从一个以志愿机构实施为主，政府在社会福利中并不承担相应的责任的粗放型制度，发展到拥有较高专

---

① 　数据源自香港特别行政区政府统计处。

业化和多元化的完备的服务系统。这一福利系统，对保持香港社会的稳定繁荣和经济持续发展，起到了不可替代的作用。作为社会福利的重要组成部分，儿童福利体系尤为完备。通过深化改革、规范管理、加强培训，儿童福利机构已经实现了由封闭型向开放型，救济型向福利型，单纯供养型向供养、康复及教育型的转变，基本保障了在院孤残儿童生活、医疗、康复、教育等方面的基本权益。

历史上，香港一直都是依靠家庭来应对个人收入损失或贫困的风险，而不是以公共资助的社会福利项目和社会保险来提供社会保障。尽管拥有经济实力和财富，香港政府并没有提供或发展类似西方福利国家的以社会保险方式运作的社会保障制度，以保障居民因退休、疾病和失业带来的风险。香港政府认为社会政策是一种社会投资，其理念就是重视儿童福利、人才培训及教育、提供创业机会等。政府扮演推动者的角色，来鼓励个人、商界及第三部门分担改善社会责任，尽量避免对市场作直接干预。因此香港政府鼓励积极的福利政策，而不是以往被动地提供生活补助。①

香港关于儿童福利的法律法规有很多，早在1951年实行《保护儿童及少年条例》中就确立了对儿童的保护政策。在2010年根据《儿童权利公约》提交的第二次报告以后，在保障儿童福利方面又取得了比较显著的进展。香港除了一些政府机构可以向儿童提供福利外，一些非政府机构的作用也不能忽视。比如香港家庭福利会、香港防止虐待儿童会等，都在积极为儿童福利服务。香港，社会福利署负责指导政府的社会福利政策，并统筹和发展香港的社会福利服务，包括社会保障、安老保障、家庭及儿童福利服务、医务社会服务等。其中，家庭及儿童福利服务方面是：社会福利署及非政府机构提供各类家庭及儿童福利服务，目的是维持和加强家庭的功能。现时，分布全港各区由社会福利署及非政府机构营办的65间综合家庭服务中心及两间综合服务中心，为有需要的个人或家庭提供一系列

---

① 参见梁祖彬：《香港的社会政策：社会保护与就业促进的平衡》，《二十一世纪》2007年第6期。

预防、支援和补救服务。至于儿童福利服务方面，社会福利署及非政府机构均提供多项服务，包括日间及住宿服务，为需要照顾或保护的儿童及青少年提供照顾。①

（二）儿童福利制度的内容

20 世纪 60 年代中期，香港开始逐步建立起向低收入者和弱势群体提供援助的社会福利计划。这些计划促使香港在社会福利方面取得的成就越来越显著。首先，香港的社会福利管理体制可以分为两类：一类是直接管理，即与法律关系紧密的感化和社会救济这两项工作由政府直接管理的机构承担；另一类是间接管理，即大量为家庭、儿童及青少年、老年人、残疾人、社区服务的工作是通过非政府的福利机构（即民间福利机构）管理的，是由众多服务单位承担的。在香港的社会福利的管理体制中，存在着主导、中介和服务三种角色。主导角色是政府在"卫生福利局"之下设的"社会福利署"，尤其是家庭和儿童科及诸如教育、卫生、民政等相关部门以及下辖机构（如区及办事处等）。中介角色由香港 200 多个非政府民间福利机构充当；服务角色由香港 3200 多个福利服务单位承担。香港的社会福利制度主要包括：社会保障和救济制度、社会服务制度、教育及医疗保障制度和公房廉租制度，尤其是社会服务十分多元化，除家庭、社区、儿童、青少年、复康等服务外，涉及劳工、就业、教育、医疗、健康、交通、扶贫、国际救援等。

其次，作为社会福利的重要组成部分，香港的儿童福利体系建设也尤为完备。有以下四个方面的特色：（1）香港参与儿童保护工作不仅仅是政府的责任，更是社会的责任，社会化模式充分整合社会资源。许多非政府部门都在积极地参与儿童保护工作。社工精神在儿童工作中体现得十分明显。（2）"儿童为主，家庭为本，社区为基础"的政策处处体现儿童为本、儿童优先的理念，全方位的儿童保护服务满足儿童各方面的需求。

---

① 参见梁祖彬：《香港的社会政策：社会保护与就业促进的平衡》，《二十一世纪》2007 年第 6 期。

（3）工作方式上，项目化运作方式使得资金效益最大化。（4）香港警方在儿童工作中作用显著。尤其是妥善处理虐儿案件，对于维护香港治安有很大作用。根据社会福利署的官方表达，香港的儿童福利制度主要从属于家庭与儿童福利服务模块内，家庭及儿童福利服务的目标，是维系和加强家庭凝聚力，促使家庭和睦，协助个人和家庭预防或应对问题，并为未能自行应对需要的家庭提供协助。香港的儿童福利是嵌入家庭的，体现了一种"家庭为本"的服务设计理念，符合儿童自身的生理和社会属性特征。

香港社会福利署家庭与儿童福利服务类别与内容

慈善信托基金：慈善信托基金是为有紧急经济困难而缺乏其他支援的个人或家庭，提供临时的经济援助。四个主要慈善信托基金分别是：李宝椿慈善信托基金、邓肇坚何添慈善基金、蒲鲁贤慈善信托基金及群芳救援信托基金。

社会福利署（以下简称"社署"）热线服务：社署热线（23432255）设有全日24小时运作的互动话音系统，让来电者查询福利服务数据及索取数据传真。社署热线社工在指定时间内（星期一至星期五：上午9时至下午5时，星期六：上午9时至中午12时）当值，为有需要人士提供实时辅导、支持和咨询服务，并安排适切的跟进服务。社署热线社工当值时间以外（包括公众假期），有需要的人士可选择将电话转拨到由东华三院营办的热线及外展服务队寻求社工协助，亦可选择留言服务或向警方求助。

家务指导服务：为家长、需要照料家人的人士或个人提供家居训练及督导，帮助他们发展自我照顾、处理一般家务、护理幼儿和其他有特别需要的家庭成员的技能，以加强他们独立生活的能力。训练可于个别家庭里进行或以小组形式提供。

保护家庭及儿童服务：社会福利署保护家庭及儿童服务课帮助虐待儿童及虐待配偶/同居情侣事件中的受害人及其家人克服创伤，重过健康的新生活；及保障受到管养或监护事宜影响而经法庭转介的儿童的利益。

幼儿服务：为支援一些因工作或其他原因而暂时未能照顾子女的父母，社会福利署资助非政府机构提供多元化的幼儿照顾服务，以配合家长及幼儿的不同需要。

体恤安置："体恤安置"是一项特别房屋援助计划，目的是为有真正迫切及长远房屋需要，但因特殊境遇出现社会及医疗需要而没有其他可行方法解决其居住问题的个人或家庭提供房屋援助。"体恤安置"并不是一般的公屋申请，而需由专业社工或授权人士为个案作全面评估。社会福利署（社署）负责向房屋署推荐个案。房屋署接获有关推荐后，会对当事人进行详细资格审查，并向符合资格的当事人编配公共租住房屋。

提供协助给正在办理离婚手续，但因特殊境遇出现社会及医疗需要（如适用）而没有其他可行方法解决其迫切及长远房屋需要的人士，以及协助居住在私人破旧楼宇的长者自住业主处理他们面对的居住问题，"体恤安置"下设有"有条件租约计划"及"长者自住业主特惠安排"项目。

家庭危机支持中心：由香港明爱开办的向晴轩，旨在透过提供一套综合及方便的服务以达至尽早介入和协助身处危机或困扰的个人或家庭。向晴轩已于2002年3月28日全面投入服务，所提供的服务包括24小时热线（向晴热线18288）、短期危机介入及留宿、临时避静及其他支援服务。向晴轩已与其他服务机构及专业人士，例如警方、医院及福利单位建立有效的相互转介网络及协作，以协助处于危机的个人或家庭。

危机介入及支持中心：由东华三院营办的芷若园，是一项危机介入及支持服务，主要为性暴力受害人、面临家庭暴力或其他家庭危机的个人或家庭，提供全面的援助，协助当事人及其家人实时处理危机及困扰，并及早联系医疗和社会服务等单位，使他们获得所需的保障和服务。芷若园已于2007年3月26日投入服务，所提供的服务包括由专业注册社工接听 24 小时热线及为成年性暴力受害人提供 24 小时实时外展及危机介入服务，并于社署办公时间外为被虐长者提供实时跟进／外展服务。此外，中心所提供的短期住宿服务已于 2008 年 5 月 19 日开展，其地址是保密的，为暂时不适宜回家居住的受害人或面临危机的个人／家庭提供适切的支持。

家庭生活教育：家庭生活教育是兼具预防及发展功能的小区教育，旨在透过一系列教育性或推广性活动，例如座谈会、讲座、小组、家庭活动及展览等，以加强家庭功能、巩固家庭关系和预防家庭破裂。除了家庭生活教育服务单位外，综合家庭服务中心／综合服务中心亦提供家庭生活教育，并将这项服务纳入其服务范畴之内。此外，综合青少年服务中心也会提供与家长有关的活动，而学校社会工作服务单位亦会透过活动推行家长教育。

寄养服务：为 18 岁以下，因种种缘故而缺乏父母照顾的儿童，提供家庭式住宿照顾服务，让他们继续享受家庭生活，直至他们能与家人团聚、入住领养家庭，或可独立生活。为 18 岁以下因遇到突发或紧急事故而缺乏父母照顾的儿童，提供即时及短期的家庭式住宿照顾服务，让他们继续享受家庭生活，直至他们能与家人团聚或获得长期住宿安排。寄养期限最多为 6 个星期。

综合家庭服务：由社会福利署及受资助非政府机构营办的综合家庭服务中心，提供不同的服务，以回应特定服务地域范围内的个人及家庭多方面的需要。综合家庭服务中心的设立，是在方便使用、及早识别、整合服务和伙伴关系的指导原则下，支持及巩固个人及家庭，并按"儿童为重、家庭为本、小区为基础"的路向提供服务。

综合家庭服务中心有三个主要组成部分，包括家庭资源组、家庭支持组和家庭辅导组。现时，分布全港的 65 间综合家庭服务中心及 2 间设于东涌的综合服务中心，均提供一系列预防、支持和补救性的家庭服务。

妇女庇护中心：现时本港有 5 间临时庇护中心提供临时居所给面

临家庭暴力或其他危机的妇女及其子女，分别是：维安中心、和谐之家、恬宁居、昕妍居、晓妍居。

预防及处理虐待长者服务：部分服务长者的社会服务单位，如长者地区中心、长者邻舍中心等，有提供预防虐待长者的公众教育活动，让长者及其家人对此问题有更多认识，从而鼓励有需要的长者或其亲友及早求助。

此外，政府及非政府机构提供个案服务的单位，如长者地区中心及综合家庭服务中心等会为被虐待长者及其家人（包括施虐者）提供适切服务，以保护长者及防止施虐行为再次发生。

露宿者服务：社会福利署资助3间非政府机构各营办一队露宿者综合服务队，为全港的露宿者提供一套整合服务。服务内容包括辅导、外展（包括深宵外展）、小组活动、起居照顾（例如沐浴、剪发）、就业辅导、护送、紧急基金、紧急/短期住宿服务和服务转介。目的是帮助他们放弃露宿，重新融入社会。此外，各社会福利署及非政府机构的综合家庭服务中心/综合服务中心亦有为露宿者提供外展、辅导、经济及住宿援助、转介康复服务及其他支援服务等。

性暴力受害人士服务：东华三院芷若园的专责社工为性暴力受害人，例如被强奸、非礼等人士，提供以下服务：24小时危机介入服务；协调各有关部门/机构以完成所需的程序，包括实时医疗服务如事后避孕和性病检验；医疗跟进服务如性病、妇科或艾滋病治疗；报案及录取口供；法医验检；其他法律程序。在进行以上程序时，为受害人及其家人提供支持和陪同；转介其他所需服务如临床心理治疗、经济援助和临时住宿服务等；及为前线人员提供处理性暴力个案的咨询服务。

防止自杀服务：香港撒玛利亚防止自杀会自杀危机处理中心为有强烈或中度自杀倾向人士提供24小时外展、危机介入和深入辅导等服务。除了提供危机介入和深入辅导外，中心亦与机构辖下的生命教育中心、热线中心及其他相关机构合作，为受自杀行为影响的人士（包括家人和朋友）提供支援服务，例如自杀危机咨询电话服务、小组活动、讲座以及工作坊等。

临时收容中心／市区单身人士宿舍：为有需要人士和露宿者，提供短期的住所及辅导服务，以协助他们另觅长期居所。

支持虐待儿童、虐待配偶／同居情侣及性暴力个案受害人服务：关注暴力工作小组由社会福利署署长担任主席，其成员包括来自不同政府部门、医院管理局和非政府机构的代表。工作小组负责就处理虐待配偶／同居情侣和性暴力问题的策略和措施提供意见。得到工作小组的支持，社会福利署（社署）制作了支持虐待儿童、虐待配偶／同居情侣（不论性别、种族、性倾向）及性暴力受害人服务网页，以帮助有关部门、机构及人士了解本港各项支持受害人的服务。

工作小组／咨询委员会：防止虐待儿童委员会由社会福利署署长担任主席，其他成员包括有关政策局、政府部门及非政府机构的代表。委员会负责就有关打击虐待儿童问题的策略提供意见。

关注暴力工作小组由社会福利署署长担任主席，其他成员包括来自有关政策局、政府部门和非政府机构的代表。工作小组负责就有关打击虐待配偶和性暴力问题的策略提供意见。

虐老问题工作小组由社会福利署助理署长（家庭及儿童福利）担任主席，成员包括有关政策局、政府部门、安老事务委员会委员、香港社会服务联会及专上学院的代表。工作小组负责就有关打击虐老问题的策略提供意见。

领养服务：社会福利署领养课为父母双亡、被父母遗弃以及非婚生而其父母未能抚养的儿童找寻合适及永久的家庭。部分有特别需要的儿童，因缺乏合适的本地领养家庭，会被海外家庭领养。领养课同时协助以私人安排方式进行的领养，如继父母或亲属的领养。

儿童住宿照顾服务：为21岁以下，因种种因素（例如家庭、行为或情绪问题），而暂时未能得到适当照顾的儿童及青少年，提供住宿照顾。

综合家庭服务中心委员会：委员会的设立，是为识别综合家庭服务中心关注的事项，及厘定优次以作适当的跟进，并监察跟进综合家庭服务中心服务模式实施情况检讨的建议的工作进展。

家庭暴力受害人支援计划：保良局翠林中心在全港推行家庭暴力受害人支援计划，为家庭暴力受害人提供一系列的资讯、情绪支援及陪伴服务，减轻受害人在面对司法程序及生活突变所引致的彷徨和恐惧。由社会福利署所有提供个案服务的单位（包括保护家庭及儿童服务课／综合家庭服务中心／医务社会服务部、感化办事处等）及非政府机构的综合家庭服务中心／综合服务中心转介的虐待配偶／同居情侣及虐待儿童个案的受害人及其家庭成员（不论性别）。

短期食物援助服务计划：社会福利署在2009年2月拨款予5间非政府机构，在全港推行短期食物援助服务计划，为难以应付日常食物开支的个人或家庭，提供短期食物援助。为了加强服务和管理的效率，社署已于2014年3月1日将服务计划总数由5个增加至7个。

跨境及国际个案工作服务：社会福利署委托香港国际社会服务社提供的跨境及国际个案工作服务，旨在协助个人及家庭处理和解决因分隔香港与国内其他地方／其他国家而出现的问题。

为祖父母而设的幼儿照顾训练课程试验计划：社会福利署于2016年3月底开始推出为祖父母而设的幼儿照顾训练课程试验计划，为期两年，共提供540个训练名额。试验计划通过协助祖父母在家庭环境内成为训练有素的幼儿照顾者，以强化家庭联系及跨代关系，并加强幼儿照顾，以此实现支援核心家庭的目标。试验计划同时有助推动祖父母长者通过终身学习创造丰盛晚年。

子女探视服务先导计划：为协助离异父母与其子女重建及维持良好的沟通和接触，让子女于安全、没有冲突的环境下与父母接触，及加强对分居／离婚家庭的支援，社会福利署获奖券基金拨款，推出一项为期两年的子女探视服务先导计划。该计划已交由香港家庭福利会负责营办，并已于2016年9月正式开展服务。

（三）困境儿童分类保障经验

在法律保护方面，香港特区政府就所有关于儿童或影响儿童的事宜作出决定时，一直都把保护儿童和"儿童的最大利益"的概念视作重要的考虑因素。此外，香港特区也通过专门的法例，例如《幼儿服务条例》（第 243 章）、《未成年监护条例》（第 13 章）、《保护儿童及少年条例》（第 213 章）等来保障儿童的权利。这些政策和条例的执行是受到立法会、申诉专员、传媒和市民大众监督的。①

在经济援助方面，香港特区政府非常重视对未来的投资，特别是在儿童方面。为促进儿童的福利，政府和社会提供广泛的服务，相关政策及部门也会确保有足够的资源来推行不同的计划，并为社会不同界别及地区提供服务。就以 2012—2013 年为例，香港的教育、卫生以及社会福利的开支为政府支出的三个主要组成部分，占政府总开支的四成之多。而支出的相当一部分是用在 18 岁以下的儿童身上，他们大约占香港特区整体人口的 14.8%。香港特区加快推进公共房屋计划，采取多方面的准则评价及处理儿童贫穷问题，采取一切必要措施消除儿童生活水平的区域、种族及城乡差异，包括社会保护及针对特别易受贫穷所困的儿童和寻求庇护的儿童的支援计划。

在社工组织服务方面，香港有发达的社会服务和社会工作组织，与政府和基金会有着普遍的联系和成熟的合作关系。在香港社会服务联会的统筹联合下，香港防止虐待儿童会、家庭福利协会等，甚至包括家庭服务会，都有关于困境儿童的福利支持计划。以香港的社会福利和流浪儿童救助机构为例，香港防止虐待儿童会至少包括以下救助和服务：

1. 致力消除香港各种形式的虐待及疏忽照顾儿童事件。

2. 建立维护及支持专业服务，以处理受虐待或被疏忽照顾的儿

---

① 参见梁祖彬：《香港的社会政策：社会保护与就业促进的平衡》，《二十一世纪》2007 年第 6 期。

童或与子女相处有问题的家长。

　　3. 提高香港公众对于防止虐待儿童问题的认识。

　　4. 进行各种有助达致上述目标的合法活动。

该会还帮助困境中的儿童，开展丰富多彩的活动：

　　1. 开设热线电话进行电话咨询和接受电话举报。

　　2. 进行家庭探访，以调查儿童受虐待情况。

　　3. 对个别儿童及家长进行个案辅导，帮助他们摆脱困境。

　　4. 举办各种讲座，帮助父母更好地关爱儿童。

　　5. 不定期举行分享会，让初为父母的人分享照顾独生儿女的经验。

　　6. 为社工和志愿人员举办研讨会，交流工作经验。

　　7. 开展小组工作。

　　8. 训练专业人士和义务工作者。

　　9. 开展了一系列预防儿童受虐待的活动。如儿童安全大使计划、生之喜悦计划（探访第一次怀孕妇女，并给予帮助）、海豚计划（提供主动参与，让儿童可以自我引领，讲出自己心声和需要，表达对一个安全、充满关怀、非暴力社会环境的盼望）、彩虹计划（防止性侵犯及治疗）。①

　　这些困境儿童的服务机构承接了那些政府管不了也管不好的社会服务职能，与政府的工作形成互补，其生存主要依托社会公益基金会和政府的服务采购。同样以香港防止虐待儿童会的资金来源为例，该会60%的经费来源于香港公益金的资助，7.5的资金来源于香港赛马会慈善基金，只有12.6%的资金是向政府社会福利署申请获得。同时需要关注的是，

---

① 　彭险峰：《香港的社会福利和流浪儿童救助机构——流浪儿童救助工作系列考察报告之二》，《社会福利》2002年第9期。

这些非政府组织（NGO）的从业人员大多是具有正式注册身份和专业资质的社会工作者。

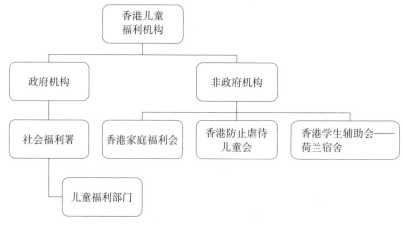

图 2-3 香港的儿童福利体系示意图

总的来说，在香港，困境儿童的福利和服务工作是由政府社会福利署下设专门的儿童福利部门，在从事福利和社会保障服务的同时，与以香港社会服务联会为行业领袖的第三部门联合，在社会公益基金会和政府采购的资金推动下，共同开展的。

二、台湾相关制度与实务进展情况

（一）儿童福利制度的发展历程

如同欧美国家一样，台湾地区的儿童福利起源于早期对儿童的慈善救济，此后不同政府执政时期都有一些儿童福利措施。抗日战争胜利以后，在国际儿童福利思潮的影响以及地方儿童福利学者的倡导下，台湾地区逐渐发展出比较有系统的儿童福利。在 20 世纪 70 年代后期，台湾人均GDP 大约达到 3000 美元—4000 美元。80 年代中期后，由于新台币的升值，于 80 年代末期超过 9300 美元。伴随着经济的发展和社会保障制度的不断完善，台湾的儿童福利事业也有了较大的进步。台湾儿童福利制度的发展经历了四个阶段：(1) 1945—1973 年《儿童福利法》公布前的儿童福利的萌芽酝酿期：在儿童保护方面仍未有具体做法和倡导，主要以院内救济业务为主。(2) 1973—1993 年《儿童福利法》修正前的儿童福利的拓展成长期：儿童疏忽虐待引发关注，家养家庭制度得以确立，受虐儿童紧急庇护，儿童保护逐渐专业化。(3) 1993—2003 年《儿童及少年福利法》立法前的儿童福利的制度建制期：儿童保护正式获得法源依据，强调支持与维护家庭的重要性。(4) 2003 年后到目前的儿童福利的蜕变整合期：儿童与少年保护工作得以衔接，各事业主管机关及其职责得以明确，强调专业网络的分工与整合。①

　　台湾所有的福利法规中，儿童福利的立法最早。1973 年通过的《儿童福利法》开始了台湾儿童福利整体制度化进程。1993 年台湾地区通过《儿童福利法》修正案，开启台湾地区制度化回应儿童保护工作的开端。其后，《儿童及少年性交易防制条例》、《家庭暴力防制法》等的通过，给儿童提供了一个更加安全的生活环境。1999 年 11 月 20 日儿童局正式成立，成为台湾地区第一个中央儿童福利专责机关，使我国儿童福利的行政制度更加周全，儿童福利的拓展更迈向新的世纪。

　　（二）儿童福利制度的内容

　　儿童福利是台湾地区政府推动社会福利的重要项目之一，通常在政府机关都设有专司单位来负责推动儿童福利事业。在台湾的儿童福利行政体制，原则上可以区分为"中央"、"直辖市"、县市及乡镇市区三级。同时，在福利多元主义思潮下，地方政府也鼓励民间团体设置儿童福利机构，共同促进儿童福利。目前，台湾地区主要服务对象是儿童少年的非营利组织在福利服务中也是十分重要的角色。尽管具有较大独立性，这些私立的儿童福利机构仍需要接受政府的辅导或规范，例如，《儿童及少年福利法》第二十五条规定：私人或团体办理儿童及少年福利机构，应向当地主管机构申请立案；各级主管机构应辅导、监督、检查及评测儿童福利机

---

① 参见彭淑华：《台湾儿童及少年福利政策与法令制度之发展》，载景天魁等主编：《海峡两岸社会福利基本经验》，鹭江出版社 2013 年版，第 352—362 页。

构；成绩优良者，应予奖励；办理不善者，令其限期改善。

在台湾，儿童福利方案的实施与制定通常依据下列三项事实。首先，依据既有政策理念及法令的规范。针对这一点，《儿童福利法》及《少年福利法》已经于 2003 年合并修正为《儿童及少年福利法》，因此必须对新法彻底了解，才能制定适合社会的福利方案。其次，为了解现阶段儿童生活状况，进行生活状况调查是一个必要的步骤。最后，近年社会少年犯罪事件频发，凸显出少年背后缺乏相关支持性服务的困境。也就是说，少年在面对青春期的蜕变时，往往缺乏社会性的支持，进而导致少年误入歧途。因此，了解少年成长时所需的福利服务是什么，才能真正解决日益严重的少年问题。

台湾地区的福利制度包括社会援助、福利服务、国民就业等。台湾地区的社会福利制度自 20 世纪 50 年代以来，先后经历了两次大的发展阶段。一是 20 世纪 50 年代到 80 年代末社会福利起步和快速发展阶段。二是 20 世纪 90 年代初期以来社会福利新发展和日趋完善的阶段。其中台湾地区的儿童福利作为政府大力支持的一项福利制度，它的特点可以分为三个方面：首先，"中央"的"内政部"设立儿童局，但是地方的儿童福利事务并无专责单位，常常与其他业务合并；其次，儿童福利预算主要集中在针对全体儿童普及式、泛津贴化的补助方式，尤其是 3—5 岁幼儿时期的各项照顾，这恰是大陆义务教育尚未覆盖的年龄段；最后，政策优先顺序方面，对于弱势儿童议题关注较少。台湾儿童福利制度的工作机制是怎样的呢？

台湾儿童福利的行政主管机构，在"中央"为"内政部"。依据《内政部组织法》第四条规定，"内政部"设社会司，掌管社会福利规划、推行、指导及监督事项。儿童福利是社会福利的一部分，尤其直辖市与县市的儿童福利业务，在行政上都与社会司密切相关。20 世纪 70—80 年代，是台湾社政、卫政和劳政分立时期，1973 年《内政部组织法》修正，"内政部"下属社会司社会福利科负责关于妇女儿童福利、残障福利、少年感化监督的推行指导事项。1970 年年末，台湾省政府社会处所属单位及执掌，做了更加明确的划分。第四科分社会福利股、妇女儿童福利股、保育人员辅导股三股。1977 年 6 月底，社会处第四科主管妇女儿童与残障福利、少年感化等事项。在附属机构方面，设有台北、台中、高雄育幼院，云林女子习艺中心。1981 年，成立仁爱习艺中心，为肢体残疾青年学习一技之长提供场所。同年 7 月，台北、彰化、高雄三个少年抚育院移交法务部接管。依据《儿童及少年福利法》第六条规定，中央应设立儿童及少年局。事实上，1999 年 11 月即依照原儿童福利法成立内政部儿童局，是中央政府儿童福利的专责单位。

台湾地区现有台北市和高雄市两个"直辖市"。依据《儿童福利法》第六条规定："直辖市"儿童福利之主管机关是"社会局"，并应设置承办儿童福利专责单位。

县市政府及乡镇市区公所是推动儿童福利的基层组织，其重要性不言而喻。不过，1999 年，地方制度法公布实施后，台湾地区各县市及乡、镇、市、区的组织体制，常因地方需求而有所不同。首先，各县市社会局的内部组织不尽相同。其中，少数县市在社会局之下设置儿童少年福利科、妇幼福利科，负责办理儿童福利业务；大部分县市则由社会福利科一并办理儿童福利工作。其次，地方制度法实施后，台湾地区各乡、镇、市、区公所的组织体系不一，主管儿童福利相关业务的单位也不尽相同，甚至没有一定的规则可循。各乡、镇、市、区公所，有些是由民政科主管，有些则是由社会科及相关科主管。台湾地区的儿童福利体系如图 2-4 所示。

总而言之，台湾地区有关儿童福利的行政组织体制尚未完整。与其他公共行政比较，除了中央在内政部设立儿童局、台北市政府在社会局设立儿童及妇女福利科、台北县政府在社会局设立儿童少年福利科，是关于儿童福利的专责单位外，其他各县市政府，尚未设置承办儿童福利业务的专责单位，导致儿童福利常与其他业务合并在一个单位。①

---

① 参见陈鲁南：《"困境儿童"的概念及"困境儿童"的保障原则》，《儿童福利》2012 年第 7 期。

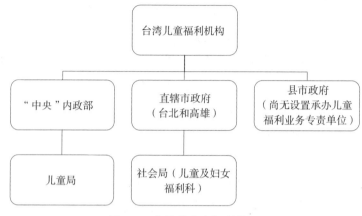

图 2-4   台湾的儿童福利体系

（三）困境儿童分类保障经验

在补助津贴方面，自 1961 年起，台湾实行儿童家庭补助制度。低收入户幼儿无论在公立还是私立机构就托或就读均可获得托育津贴，标准是每人每学期 9000 元（新台币，下同）。2003 年又推出了"中低收入家庭幼童托教补助"，为年满 3 岁的中低收入户儿童就读提供补助，每人每年最高补助 6000 元，并允许各地根据本地实际提高补助标准。①

在服务方面，台湾的儿童福利保障制度主要分为支持性的儿童福利服务、补充性的儿童福利服务、替代性的儿童福利服务以及保护性的儿童福利服务四种类型。首先，支持性的儿童福利服务主要是一种支持性方案，目的在支持或增强家庭满足儿童各种需要的能力，使原生家庭成为儿童最佳的成长场所。其次，补充性的儿童福利服务，就是一种补充性方案，目的在弥补家庭对其子女照顾功能之不足或不适当的情况。尤其当儿童的家庭发生困难，或其双亲因能力的限制，以致无法充分提供儿童照顾时，往往需要从家庭系统之外给予补充性的服务。再次，替代性的儿童福利服务，就是一种替代性方案，目的在于针对儿童个人的实际需求，提供

---

① 参见司晓悦、王作宝：《台湾未成年人贫困救助及启示》，《中国青年研究》2012 年第 3 期。

一部分或全部替代家庭照顾的功能。换言之，在家庭功能丧失时，将儿童安排到适当的居住场所，并替代父母执行儿童照顾的角色。最后，保护性的儿童福利服务，是对遭受身体虐待、性虐待、心理虐待、疏忽等类儿童加以保护。

在早期治疗和培育方面，台湾地区政府于1966年针对特殊儿童正式提出了早期疗育的报告。首先，早期治疗的重要性在于具有补偿、治疗、预防和启发的效益，可以增进发展迟缓与障碍婴幼儿在生理、认知、语言、社会适应与生活自理方面的发展潜能，提升日后生活成功的经验。其次，对于特殊婴幼儿的家庭，早期疗育服务可以提供多元的服务，除了压力调试与心理支持之外，提供家长所需的教养保育资讯、技能和社会福利资讯与支持，营造父母与特殊儿童之间良好的互动及关系，教导家长如何一起协助婴幼儿，善用婴幼儿的残存能力及如何弥补婴幼儿缺陷，以避免障碍程度的恶化或第二次障碍的产生。再次，早期治疗可以协助特殊婴幼儿改善障碍状况，减低他们日后对他人、家庭、社会的依赖，增进其生活自理与独立生活的能力，进而减少日后教育及终生养护的成本，增加社会的经济动力。最后，借由早期治疗的提供，保障特殊婴幼儿的受教育权和生存权，实现儿童人权的保护。[①]

台湾正式全面推展早期疗育开始于1991年，至今早期疗育相关法令包括《儿童及少年福利法》、《特殊教育法》、《身心障碍者保护法》，以及"教育部"、"内政部"、"儿童局"及"卫生署"所推行和公布的相关计划与方案。

在经济援助方面，随着工业化国家财富与收入的增加，政府的社会性支出（社会福利、教育投资与健康保险等）通常也会增加。从近20年来"中央政府"社会福利支出的比例，也可以窥出政府社会政策变化。若从政府社会福利支出结构来分析，社会福利支出可以分为政府依法补助

---

① 　沈美君：《台湾与美国身心障碍儿童早期疗育政策之比较研究》，暨南大学比较教育学系学位论文，2009年。

劳工保险、全民健康保险、农民保险等的保险费部分。政府针对低收入、中低收入、中（或重）度身心障碍人口等所提供的生活补贴，针对老人、儿少、妇女、身心障碍者、经济社会的弱势人口等，所提供的各项救助、福利服务，这些政府的社会福利支出均属于政府"转移性支出"（transfer payment）的重要部分。①

总的来看，台湾的困境儿童福利和服务是以《儿童与少年福利法》为基础形成的一整套福利和服务的框架。其中民间组织的院外游说团和非营利组织的参与是非常重要的组成部分。以著名的"儿童福利联盟"的运作策略为例，可以看到其不仅重视实务，还相当重视民间力量对政府立法的影响。

第三节　中国大陆困境儿童及其分类保障研究与实务进展

一、儿童福利政策与研究进展

改革开放以来，中国大陆宏观层面的社会环境、社会结构与社会制度发生了巨大的变化，微观层面的家庭结构与功能、家庭关系与家庭生活状况同样产生了前所未有的变迁。社会转型背景下，困境儿童群体问题凸显。因此，关于困境儿童保护救助和福利制度的研究日益成为学界和政府关注的焦点。

（一）儿童福利立法与政策设计

目前，中国的儿童福利已经形成了比较完备的政策体系，中国儿童福利政策的总体框架基本确立，从最高立法机关确立的法律，到国务院和政府各部门制定的法规，再到国际组织和国际社会通过的国际公约等，这些政策对推动我国儿童福利事业的发展产生了积极的影响。如 1991 年 3

---

① 参见詹火生：《一甲子以来台湾社会福利政策的演变——从理念政策到制度实践》，载景天魁等主编：《海峡两岸社会福利基本经验》，鹭江出版社 2013 年版，第 59—74 页。

月，中国政府签署了《儿童生存、保护和发展世界宣言》和《执行20世纪90年代儿童生存、保护和发展世界宣言行动计划》两个文件，作出了庄严的承诺。国务院1992年2月16日颁布实施的《九十年代中国儿童发展规划纲要》，是中国第一部以儿童为主体，按照"儿童优先"原则，促进儿童发展的国家行动计划。提出了我国儿童生存、保护和发展的10个主要目标。《中国儿童发展纲要（2001—2010年）》从儿童与健康、儿童与教育、儿童与法律保护、儿童与环境四个领域，提出2001—2010年的目标和策略措施。特别提出了要"坚持'儿童优先'原则，保障儿童生存、发展、受保护和参与的权利……使困境儿童受到特殊保护"。2006年3月16日全国人大和政协两会通过的《中华人民共和国国民经济和社会发展第十一个五年规划纲要》提出："坚持儿童优先原则，实施儿童发展纲要，依法保障儿童生存权、发展权、受保护权和参与权……完善孤残儿童手术康复、家庭寄养经费投入和艾滋孤儿救助机制。"

然而，有学者认为现有的儿童福利政策还存在以下问题：一是由于补缺型福利理念的影响，我国目前儿童福利政策分散，缺少统一规范，而且实际的、可操作的内容不足，政策的适应性不强。二是儿童福利政策执行的行政管理体制不顺，多头治理，缺乏协调、整合机制和问责机制。三是现行儿童福利政策强调政府的主导作用，忽视了对个人、企业、社会团体、慈善机构、宗教组织开展儿童福利保障等慈善事业的积极作用，缺乏对这些儿童福利事业支持体系社会保障研究的引导和规范，没有形成畅通的儿童福利事业多元参与渠道。四是专门针对孤残儿童的福利和保障政策偏少，层次较低，缺乏规范性。[1]

除上述四个问题之外，立法主体多种多样，也导致了儿童福利立法的行政协调难度变大，最主要的是缺乏儿童福利行政能力的权威主体。[2]

---

[1]　参见仇雨临：《我国孤残儿童福利保障政策的评析与展望》，《社会保障研究》2007年第2期。

[2]　参见刘继同：《当代中国的儿童福利政策框架与儿童福利服务体系》（上），《青少年犯罪问题》2008年第5期。

因此，对于中国来说，儿童福利制度下一步发展的最重要方面是要确立多维度的儿童福利目标体系，推动儿童福利立法，建立以公民权利为基础的儿童福利制度。①

（二）福利模式转型

有学者认为，目前我国儿童福利模式还仅仅处于转型的初期阶段，主要表现在三个方面：一是我国现阶段的儿童福利仍然是一种"补缺型"，而不是"普惠型"的儿童福利。二是儿童福利在范围上属于"狭义儿童福利"，是指由特定形态的机构向特殊的儿童群体提供的一种特定的服务。三是儿童福利制度呈现鲜明的城乡二元分割特征。② 在中国现行儿童福利模式下，政府将主要精力放在特殊儿童救助上，形成了一套以救助为主，普惠为辅的中国儿童福利制度。我国现在还处于由救助型向普惠型儿童福利制度的转变期，儿童福利工作还处在保障和满足特殊儿童的基本生存需要为重心这一低级阶段，儿童福利较少涉及全体儿童的全面发展，保障水平不高，保障范围较为狭窄，这一基本模式的问题是健全完善我国儿童福利制度亟待解决的问题。2011 年国务院颁布了《中国儿童发展纲要（2011—2020 年）》，在总目标中明确指出要"扩大儿童福利范围，建立和完善适度普惠的儿童福利体系"，儿童福利制度要由补缺型向普惠型转变。

成海军认为，我国应建立与经济社会发展水平相一致，与改革开放和市场经济体制相一致的普惠型儿童福利制度。包括三个方面的内容：一是普惠型儿童福利的对象应该是社会中的全体的儿童，从孤儿、困境儿童、困难家庭儿童向一般儿童扩展。二是在责任主体上强调国家是第一责任人。三是在内容上应该包括儿童的生活、儿童教育、医疗保健、司法保

---

① 参见尚晓援、李敬：《用户参与与民间儿童福利服务机构的公信力——安琪之家的个案研究》，《学习与实践》2011 年第 3 期。

② 参见成海军、朱艳敏：《社会转型视阈下的普惠型儿童福利制度构建》，《学习与实践》2012 年第 8 期。

护、住房、娱乐等涉及儿童生活的各个方面。① 这种普惠型，从广度上来看，儿童福利针对的目标群体要扩大。从满足福利需要的方面看，不仅需要关注收入贫困问题，更多维度的儿童需要也应得到关注和满足。儿童在照料、经济保障、成长发展和社会参与等多方面的需要，都应纳入儿童福利的目标体系。儿童福利制度的建设还需要组织的发展，建立主管儿童福利的政府部门，如儿童福利局等。②

（三）福利责任主体

在我国，儿童抚育事务长期以来主要是由家庭承担。但伴随着经济社会发展而起的家庭结构与功能的变化，为数不少的儿童无法从自己的家庭获得必要的养育。这一状况，引起了社会与国家的高度重视。③ 成海军在《中国儿童福利制度转型与体系嬗变》一文中指出，目前中国大陆大体有两种儿童福利模式。第一种为政府救助模式，这种模式主要针对贫困儿童、流浪儿童、残疾儿童等特殊儿童群体，由政府主导，建立一个包括各种相关儿童救助法律法规以及与其配套的救助站、儿童村、儿童福利院等机构在内的特殊儿童救助体系。第二种为社会普惠模式，即政府通过相关儿童福利法律、政策为整个社会的儿童阶层提供福利。④

刘继同认为，儿童福利理论体系的实质与精髓是探讨国家与儿童的关系问题，是探讨国家在儿童福利事业发展中扮演角色与发挥作用的基本途径，是探讨家庭、社区、国家、社会如何最佳组合，最大化满足儿童需要和确保所有儿童身心健康、幸福快乐成长的基础问题，理论意义重大。⑤ 我国儿童

---

① 参见成海军、朱艳敏：《社会转型视阈下的普惠型儿童福利制度构建》，《学习与实践》2012 年第 8 期。

② 参见尚晓援、王小林、陶传进：《中国儿童福利前沿问题》，社会科学文献出版社 2010 年版，第 23 页。

③ 参见程福财：《家庭、国家与儿童福利供给》，《青年研究》2012 年第 1 期。

④ 参见成海军：《中国儿童福利制度转型与体系嬗变》，《社会福利（理论版）》2012 年第 2 期。

⑤ 参见刘继同：《国家与儿童：社会转型期中国儿童福利的理论框架与政策框架》，《青少年犯罪问题》2005 年第 3 期。

福利管理责任分散于民政部门、教育部门、妇联等众多部门或机构中，目前尚未成立专门的全国统管儿童福利的行政机构，客观上使儿童福利行政管理处于"虚化"状态。需要建立专门的机构来统领我国的儿童福利事业。

目前，在儿童福利责任主体上，现有体制依然强调国家是第一责任人。但是，当国家和国有儿童福利机构无力对所有需要帮助的儿童提供服务时，各地就会出现一些由慈善人士组织的"非政府"的儿童福利机构，通过动员社会资源，向这些儿童提供服务，这样可以为国家分担本来应该由国家承担的儿童保护责任。但根据现有政策，这些机构很难得到正式的批准注册，实现合法化。国家有关部门也难以对它们进行监督管理。20世纪晚期以来，儿童慈善组织在专业化建设方面付出了艰辛努力，在加强能力建设以及诚信自律机制建设的同时，加强了与政府、媒体、学界与公众的沟通，积极探索并引进国际化的行业服务标准，开发新的适应中国儿童需求的公益项目，使中国儿童服务领域进一步拓宽，服务水平不断提高。儿童福利服务组织作为儿童福利保障主体之一，其公信力问题是中国儿童福利制度建设中的前沿问题之一。有些研究认为，民办非营利性机构的公信力不高[1]，社会美誉度不足以吸引社会捐赠与政府支持，公共政策参与困难[2]，如果没有一个成熟的制度作保障，仅仅依靠非营利组织从业人员的良知与热情，非政府组织很难维持其公信力，进而丧失捐助者和用户。在当今儿童福利服务机构的资金困境问题逐渐得到缓解时，有效的服务递送问题就成为需要重点考虑的问题，机构的公信力建设是实现有效的服务递送的重要途径。各类性质的儿童福利服务组织——尤其是民间儿童福利服务机构是最重要的新的服务提供者，其公信力问题不解决，中国就无从建立一个新的、完整的儿童福利制度。[3]

---

① 参见刘俊：《完善我国非营利组织的问责机制》，《湖北社会科学》2008 年第 5 期。

② 参见李水金、侯静：《中国非营利组织问责中存在的问题及对策》，《国家行政学院学报》2009 年第 6 期。

③ 参见尚晓援、李敬：《用户参与与民间儿童福利服务机构的公信力——安琪之家的个案研究》，《学习与实践》2011 年第 3 期。

（四）保障体系框架建设

改革开放以来，中国儿童福利发展有两个显著特点：一是内涵不断变化，儿童福利发展处于一个动态体系之中；二是功能由救助、矫治、扶助等恢复型功能向维护权利、健康成长等发展型功能变化。要真正实现儿童福利事业的健康持续发展，必须尽快建立起合理、高效的运行机制，即由司法保障体系、管理服务体系和监督评估体系构成的儿童福利保障机制。[①]

当前，中国儿童政策的发展趋势体现为保障水平不断提升的儿童生存政策；补缺为基础，适度普惠为方向的儿童福利政策和促进综合素养的儿童发展政策。科学的政策评估将是未来儿童政策发展的难点。[②] 我国要在建立国家主导的孤儿福利制度的同时，建设以儿童权利为基础的福利制度；建设以家庭为中心的儿童福利制度；要推动儿童福利服务的专业化；要为儿童福利制度建设留下创新的空间。在经济市场化和福利社会化处境下，中国应该采取发展取向的参与型儿童福利模式，以适应社会发展与社会现代化建设的需要。发展取向的参与型儿童福利是指以所有儿童的全面发展为中心，以国家、社会和儿童的广泛社会参与为发展儿童福利基本途径的儿童福利模式。它可以扩大儿童福利的范围，能够最大化地满足现代化建设处境下的儿童福利政策目标，可以有效克服福利资源缺乏的问题，能够满足不断变迁中的儿童福利需要，保障所有少年儿童身心健康、全面发展。[③]

随着我国人口结构、社会结构和经济结构发生巨大变化，儿童福利供需矛盾日益突出，必须加快中国儿童福利制度的转型，从顶层设计上实现制度的转型和构建。从基于亲权保护原则的制度向基于公民社会权

---

① 参见陆士桢：《建构中国特色的儿童福利体系》，《社会保障评论》2017 年第 1 期。

② 参见魏莉莉、董小苹：《中国儿童政策发展趋势研究——基于 1991—2020 年三个〈中国儿童发展纲要〉的内容分析》，《中国青年研究》2012 年第 3 期。

③ 参见刘继同：《儿童福利的四种典范与中国儿童福利政策模式的选择》，《青年研究》2002 年第 6 期。

利的制度转变，以便对所有的儿童提供有效的支持和保护。① 未来中国应从国情出发，建构普惠制儿童福利模式，通过"津贴＋服务"的形式，在福利供给的目标群体上从特殊儿童向全体儿童扩展；在福利的提供手段上实现社会工作专业化，通过社区平台提供福利服务，注重法制建设，拓展投资融资渠道并加强社会监督。普惠型的儿童福利制度应包括儿童生活、教育、医疗、司法、住房、家庭、社区七项保障制度。② 有研究认为，中国特色儿童福利制度框架建设的首要条件是创建"国家儿童福利与家庭福利局"。创建"国家儿童福利与家庭福利局"既是中国特色儿童福利制度框架建设的战略目标，更是中国特色儿童福利与家庭福利制度框架建设制度化前提和政府行政管理体制建设前提，还是中国特色儿童福利与家庭福利制度框架建设最核心的宏观发展战略与国家级行动策略。③

二、困境儿童的分类保障政策与研究进展

（一）残疾儿童

1. 残疾儿童保障对象界定

世界卫生组织认为"残疾"应该包括三个层面的内涵：第一层面的内涵是"损伤"（Impairment），这个层面的残疾是指一个人的心理、生理或解剖构造功能的丧失或异常。第二层面的内涵是"失能"（Disability），指的是一个人因生理、心理功能损伤所造成的能力限制或缺乏某种活动能力。第三层面的内涵是"残障"（Handicap），这是因某种或多种损伤限制或阻碍个人与其所处环境间的社会互动，强调个体与环境的互动关系。残疾儿童一般是指年龄在 0—17 岁，因遗传性疾病和母亲妊娠期间的不确

---

① 参见尚晓援、陶传进：《中国儿童福利制度的权利基础及其限度》，《清华大学学报》（哲学社会科学版）2009 年第 2 期。

② 参见成海军、朱艳敏：《社会转型视阈下的普惠型儿童福利制度构建》，《学习与实践》2012 年第 8 期。

③ 参见刘继同：《当代中国的儿童福利政策框架与儿童福利服务体系》（上），《青少年犯罪问题》2008 年第 5 期。

定因素以及后天环境中的一些意外因素导致生理功能、解剖结构、心理和精神等方面出现异常，丧失或部分丧失日常生活自理能力、学习能力以及社会适应能力，因而需要予以外界干预的未成年人。①

　　根据民政部的相关文件，"孤残儿童"是指失去父母或事实无人抚养的 0—18 岁的孤儿、弃婴和残疾儿童。根据民政部 2008 年启用的全国孤残儿童信息系统的不完全统计，我国现有失去父母和事实上无人抚养的孤儿约 71.2 万名。他们大都处于生存、发展的困境，是社会保障的重点对象。残疾儿童中的绝大部分都伴有不同程度和不同类型的生理疾病或缺陷，比如智力落后、聋哑、唇裂、脑瘫等。② 根据第二次中国残疾人调查结果推算，中国的残疾儿童数量超过 500 万名。其中，智力残疾和多重残疾是最主要的残疾形式。在残疾儿童中，男童的数量多于女童，农村儿童的残疾率高于城市。不过，在残疾儿童中，多数儿童的残疾程度不高，如果得到适当的教育和康复，可以恢复正常的生活，成为中国社会和经济发展中积极的建设性力量。③ 我国的残疾儿童保障对象，不仅涉及社会福利机构中的残疾儿童，还涉及散居的残疾儿童。

　　2. 保障内容

　　残疾儿童对医疗、康复、教育、生活保障等方面需求较大，其中对医疗救助与服务、康复训练与服务的需求最大，其次是生活贫困问题和教育费用补助或减免问题。④ 目前，我国对残疾儿童的保障内容涉及儿童的抚养、教育、医疗、保护等各个方面，充分体现了儿童生存权、发展权、被保护权和参与权等基本权利。⑤ 此外，政府还按一定的优先顺序为残疾

① 参见高圆圆：《残疾儿童福利制度转型思路探讨》，《残疾人研究》2013 年第 4 期。
② 参见陈静：《孤残儿童社会保障现状及发展路径研究》，《残疾人研究》2012 年第 2 期。
③ 参见尚晓援、谢佳闻：《残疾与歧视：儿童生活史的个案研究》，《中国青年研究》2008 年第 10 期。
④ 参见周莹：《残疾儿童社会保障制度的研究》，《当代青年研究》2012 年第 8 期。
⑤ 参见仇雨临：《我国孤残儿童福利保障政策的评析与展望》，《社会保障研究》（北京）2007 年第 2 期。

儿童家庭提供服务，满足残疾儿童家庭需求：信息服务、康复津贴、康复服务、生活救助、教育服务和心理咨询辅导。[①]

基本生活保障是我国孤残儿童社会保障的核心内容，其实施的主要目标是扶助残疾儿童家庭，给予补贴，保证残疾儿童的基本生活。我国现行的孤残儿童社会保障制度本质上是一种生活维持制度，其理念、覆盖范围和标准等都已经远远滞后于社会的发展和儿童的需求。因此，采取有效措施，促进我国孤残儿童社会保障制度的发展和完善不仅是必要的，而且是紧迫的。[②] 传统残疾儿童福利强调保障残疾儿童的基本生活水平，而当前残疾儿童福利制度的转型应更强调残疾儿童生存保障基础之上的发展自由。[③] 陈静认为，孤残儿童社会保障应该延伸至孤残者的一生，关注其生存、生活、发展乃至自立的完整生命历程。[④] 因此要树立起以公平、发展为重点的残疾儿童福利制度理念，以能力开发为导向充实福利制度框架，建立和完善普惠式的残疾儿童康复和个性化潜能开发的福利制度，完善和发展残疾儿童能力开发的科学技术，并广泛提供残疾儿童所必需的辅具，提高辅具的研发水平，以便满足残疾儿童成长和发展的内在需求。[⑤]

从新中国成立到改革开放，我国残疾儿童的教育福利体系经历了一个从初步建立到逐步发展的过程，在教育方式上经历了单一的隔离式特殊教育发展到以融合教育为主、特殊教育为骨干的混合式教育的过程。在教育福利方面，国内学者提倡从立法、经费、管理等方面为残疾儿童提供教育福利。我国残疾儿童教育存在不公平的现象，造成这一现象的主要原因包括法律法规方面的、经费方面的、教育管理方面的和社会文化方面的因素。因此他们建议特殊教育工作者及有关部门应积极地探索有效的策略与

---

① 参见高圆圆：《残疾儿童福利制度转型思路探讨》，《残疾人研究》2013 年第 4 期。

② 参见高圆圆：《残疾儿童福利制度转型思路探讨》，《残疾人研究》2013 年第 4 期。

③ 参见高圆圆：《残疾儿童福利制度转型思路探讨》，《残疾人研究》2013 年第 4 期。

④ 参见陈静：《孤残儿童社会保障现状及发展路径研究》，《残疾人研究》2012 年第 2 期。

⑤ 参见高圆圆：《残疾儿童福利制度转型思路探讨》，《残疾人研究》2013 年第 4 期。

措施，诸如制定特殊教育法、建立特殊教育的财政投资制度、优化教育结构、建立并健全适合残疾儿童身心发展的社会保障体系等，以促进公平而有质量的残疾儿童教育的发展。①

在残疾儿童康复服务方面，学者们提出需要增加福利补贴，提高康复人员的服务质量，一类观点强调将康复工作由机构向社区或家庭转移。温淑静、段培芹指出福利机构中残疾儿童康复工作开展不利的原因是福利补贴少、康复保教人员少、专业素质普遍较低，评估和康复方法极端落后。② 方洁等人提倡以医疗单位为主体构建残疾儿童社区康复网络，并采取社区内日间康复班（康复幼儿园）、康复个案咨询和社区儿童强化营养班等模式来提供康复服务。③

3. 保障政策制度

对我国而言，残疾儿童福利制度也不能停留于供养层面，要朝着推动残疾儿童能力发展的目标而努力。以能力开发为目标推进残疾儿童福利制度改革，努力提高残疾儿童的自理生活能力，培育社会参与能力，使残疾儿童成为未来国家建设的有用之才。残疾儿童的成功成才有利于缩减残疾群体与健全群体之间的收入差距，也有利于提高残疾群体的社会地位，还会惠及全国数以百万计的残疾儿童家庭。总之，中国的残疾儿童福利制度改革利在国家、惠在家庭，应适时予以推进。

在残疾儿童预防政策方面，改革开放前，对残疾儿童的预防保健主要为卫生保健，并非残疾预防保健，残疾预防尚未受到国家重视。改革开放后，残疾预防逐渐受到重视，以达到减少儿童的出生缺陷并减轻残疾程度的目标。2001 年，国务院发布了《中国妇女发展纲要（2001—2010

---

① 参见孟万金、刘玉娟、刘在花：《残疾儿童教育不公平现象的原因分析——五论残疾儿童教育公平》，《中国特殊教育》2007 年第 3 期。

② 参见温淑静、段培芹：《福利机构残疾儿童康复工作的几点思考》，《社会福利》2004年第 4 期。

③ 参见方洁、华柄春、王子才等：《建立残疾儿童社区康复网络》，《临床儿科杂志》2006年第 8 期。

年)》和《中国儿童发展纲要（2001—2010 年)》规定了城乡要达到一定的婚前医学检查指标，将婚前检查作为降低出生缺陷的一道防线。2002年，卫生部、中国残联联合制定了《中国提高出生人口素质、减少出生缺陷和残疾行动计划（2002—2010 年)》，从中确立了我国不同时期减少出生缺陷和残疾的目标。此外，还相继出台了《关于进一步加强精神卫生工作的指导意见》、《全国防盲治盲规划（2006—2010 年)》、《全国听力障碍预防与康复规划（2007—2015 年)》等相关的政策法规，以预防残疾儿童数量的增加。

在残疾儿童养护政策方面，新中国成立初期，对孤残儿童的养护以福利院养护和集体保障为主要形式，改革开放后，开始推行家庭寄养的养护方式，孤残儿童的养护方式逐渐发展为福利机构和集体养护与家庭寄养、收养并行。《家庭寄养管理暂行办法》、《中华人民共和国收养法》和《有关进一步发展孤残儿童福利事业的通知》等政策法规的出台，从法律层面规定了残疾儿童养护的具体办法。在残疾儿童康复政策方面，我国残疾儿童康复福利政策经历了一个从空白期，到政府重视和干预，再发展到社会各界力量积极参与，再到政府与社会协同合作的过程。"蓝天计划"、"重生行动"、"长江新里程计划"等都是帮助残疾儿童走向健康的项目。在残疾儿童教育方面，我国 1982 年《中华人民共和国宪法》中规定了盲、聋、哑和除盲、聋、哑的其他类型残疾人的受教育权。1986 年《中华人民共和国义务教育法》又强调保障盲、聋、哑和弱智的年满六周岁儿童接受义务教育。1986 年《中华人民共和国教育法》也规定了地方各级政府要为盲、聋、哑和弱智儿童少年在社会福利机构中举办特殊教育学校或者特殊教育班。1994 年国务院颁布实施了《残疾人教育条例》，这是首次以法规的形式对残疾人教育问题作出规范。同时，也意味着残疾儿童随班就读与特殊教育相结合的混合式教育福利体系建立起来。

当前我国中央和部分地方政府已经制定了一定数量的关于孤残儿童发展性保障的政策，主要涉及医疗康复、教育、就业和住房等方面。这些政策关注了孤残儿童的发展性需求，有较强的针对性和政策意义。① 在农村，孤残儿童的福利基本依托于农村五保供养制度。1994 年 1 月，国务院公布的《农村五保供养工作条例》规定对孤残儿童保吃、保穿、保住、保医、保教，不仅明确了孤残儿童的供养权利，还增加了基本治疗与文化教育的内容。

保障政策的制定虽然至关重要，但更重要的是政策的执行。我国残疾儿童保障的制度安排，相关部门有国务院妇女儿童工作委员会、发展与改革委员会，还有民政、财政、卫生、教育、劳动保障、司法、建设等方面的政府行政管理部门，以及共青团、妇联、残联等群众团体。不同部门有不同的残疾儿童政策目标，缺乏联动协调机制。在政策执行中，这些部门各自为政，各管一摊，形成不了合力，信息资源也无法共享，结果是要么多头管理，要么没人管理，要么基础设施重复建设，要么基础设施未能投入。以民办残疾儿童少年康复服务机构为例，既有残疾人联合会作为主管单位的，也有以教委作为主管单位的，因主管部门不同，造成对民办残疾儿童康复服务机构的管理职责缺乏明确界定。②

4. 保障主体

残疾儿童保障的主体涉及国家、社会组织和家庭等多个方面，并且趋向于政府主导，国家、社会和家庭相互合作，相互补充的模式。北京师范大学壹基金公益研究院儿童福利研究中心发布的《中国儿童福利政策报告（2010）》认为：“我国儿童福利逐渐呈现出多元化发展态势，在当前虽然比较有限，但正逐步扩展的儿童公共福利政策领域，我国政府发挥着主导作用，这一主导作用还应继续加大力度与强度。”③ 政府主导作用主要表现为三个方面：一是承担残疾儿童保障的管理责任；二是推动残疾儿童的社会保障立法，使残疾儿童的保障制度化和正常化；三是广泛动员社会力

---

① 参见陈静：《孤残儿童社会保障现状及发展路径研究》，《残疾人研究》2012 年第 2 期。

② 参见周莹：《残疾儿童社会保障制度的研究》，《当代青年研究》2012 年第 8 期。

③ 北京师范大学壹基金公益研究院儿童福利研究中心：《中国儿童福利政策报告（2010）》，第 24 页。

量参与其中，形成以社区照顾为基础，NGO 和个人服务为骨干，国家办、集体办和民办福利机构为主体的服务网络。政府可采取购买服务方式，鼓励社会办残疾儿童养育机构。同时，引入竞争机制，促使各服务机构提高服务水平和质量。中国残疾儿童保障制度，可能是一个新的、多方参与的混合福利制度，国家在供给资金、制定规则、监督实施方面的作用会大于其在直接的服务供给方面的作用。[①]

　　高圆圆认为通过对新中国成立 60 余年来残疾儿童福利制度发展过程进行考察，可以发现，我国残疾儿童福利制度经历了一个从完全由家庭提供保障发展到政府介入和干预残疾儿童福利，再到社会各界广泛参与的渐变过程。回顾整个残疾儿童福利制度发展的进程，可以发现，政府从干预孤残儿童福利，到逐渐规范起以孤残儿童为主要福利对象的福利制度，使得残疾儿童的整体生活水平有所提高。民办机构对残疾儿童服务供给的参与，社区服务功能的增强对整个残疾儿童福利制度的发展来说，具有一定的进步性。[②] 在非院舍化的过程中，中国孤残儿童保护出现了三种管理模式：在一般的城市家庭中寄养、城市社区寄养和农村社区寄养。同时他们指出，从社会包容、风险管理和费用这三个因素考虑，它们各有利弊。可见，在新的福利体制下，非政府组织和一般的家庭将在提供资金和提供福利服务中起到更活跃的作用。[③]

　　姚建平等人认为，我国残疾儿童福利制度发展路径应以家庭为中心，针对不同的家庭类型分别采用替代性儿童福利、补充性福利和支持性福利来增强家庭对残疾儿童的养育功能。对于已经无法回到原生家庭的残疾儿童，只能选择替代性儿童福利，但同时要尽力为他们建立"类似家庭"的养育方式。对于生活在部分功能家庭中的残疾儿童，应当通过补充性儿童福利来补足其家庭功能。对于生活在正常家庭中的残疾儿童，应通过支持

---

① 参见周莹：《残疾儿童社会保障制度的研究》，《当代青年研究》2012 年第 8 期。

② 参见高圆圆：《残疾儿童福利制度转型思路探讨》，《残疾人研究》2013 年第 4 期。

③ 参见尚晓援、李海燕、伍晓明：《中国孤残儿童保护模式分析》，《社会福利》2003 年第 10 期。

性儿童福利来改善其家庭功能。这就有必要对残疾儿童福利模式进行改革和重新定位，努力推进我国的残疾儿童福利模式逐步从"替代性"为主向"补充性"和"支持性"模式转变，即由"救助式"逐渐转向"福利式"。①

（二）重病儿童

1. 重病儿童保障对象界定

2010 年，我国开始将儿童作为优先照顾的群体，重点关注患有白血病、先天性心脏病的 0—14 岁儿童的疾病救治问题。随后，对重大疾病的保障病种扩展到 20 个种类，分别为儿童白血病、儿童先天性心脏病、终末期肾病、乳腺癌、宫颈癌、重性精神疾病、耐多药肺结核、艾滋病机会性感染、肺癌、食道癌、胃癌、结肠癌、直肠癌、慢性粒细胞白血病、急性心肌梗塞、脑梗死、血友病、Ⅰ型糖尿病、甲亢、唇腭裂。并提出自付费用超过上一年度人均可支配收入的部分可再次报销 50%，进一步加大了对重大疾病的保障水平。②

2. 保障内容

国家所提供的医疗救助多为医疗费用方面的救助。而慈善组织的医疗救助虽然也多采用医疗费用救助方式，但已开始了提供更加多样化救助方式的尝试，其中包括医疗费用、药品发放、器械捐助、心理辅导等多样化的救助。如中国癌症基金会和中华慈善总会为慢性白血病患者提供的药物捐助、美国微笑列车基金会开展的对医师关于唇腭裂手术和麻醉方面的培训、儿童希望救助基金会为患儿提供生活用品（如画笔、手工材料等）丰富患儿日常生活、新阳光慈善基金会为患白血病而长期住院的青少年提供学校教育和陪伴。③ 健康医疗是我国儿童福利的重要组成部分，儿童的医

---

① 参见姚建平、梁智：《从救助到福利——中国残疾儿童福利发展的路径分析》，《山东社会科学》2010 年第 1 期。

② 北京师范大学中国公益研究院：《中国儿童大病救助与慈善组织参与现状报告（2013）》，第 4 页。

③ 北京师范大学中国公益研究院：《中国儿童大病救助与慈善组织参与现状报告（2013）》，第 23 页。

疗健康工作一直以来得到全社会的普遍重视。但从儿童福利视角看，儿童医疗健康政策体系尚不够完善严谨，实际执行上还有不少死角，农村儿童医疗设施和医疗保健体制还很不健全，城乡儿童健康发展还存在很大差距。

3. 保障政策制度

2010 年至今，通过颁布一系列的政策法规，如 2010 年《医药卫生体制五项重点改革 2010 年度主要工作安排》、2010 年《关于开展提高农村儿童重大疾病医疗保障水平试点工作的意见》、2012 年《关于开展城乡居民大病保险工作的指导意见》、2012 年《关于加快推进农村居民重大疾病医疗保障工作的意见》等，我国基本建立了"政府支持、社会参与、慈善组织运作"的儿童大病救助工作机制。将重大疾病保障种类从 2 个扩展至 20 个，提高了 20 种重大疾病的医疗保障水平，规定新农合的报销比例要达到限定费用的 70%，对补偿后个人自付超过大病保险补偿标准的部分，再由城乡居民大病保险按照不低于 50% 的比例给予补偿。①

为落实国务院 2010 年度医改任务工作要求，切实提高患重大疾病农村儿童的医疗保障水平，卫生部、民政部于 2010 年 6 月 7 日印发了《关于开展提高农村儿童重大疾病医疗保障水平试点工作的意见》，旨在优先选择几种危及儿童生命健康、医疗费用高、经积极治疗后恢复较好的重大疾病开展试点，通过新农合和医疗救助等各项医疗保障制度的紧密结合，探索有效的补偿和支付办法，提高对重大疾病的医疗保障水平。该意见指出：可先从解决 0—14 周岁（含 14 周岁）儿童所患急性白血病和先天性心脏病两类重大疾病入手，开展试点工作，合理确定试点地区和疾病种类、明确救治医院、完善医疗费用补偿办法、改善医疗保障服务管理，并要求各级卫生行政部门认真组织实施试点工作。

2003 年和 2007 年我国开始建立新型农村合作医疗和城镇居民基本医疗保险，儿童才又重新被纳入社会保障体系之中。近年来，我国儿童大病

---

① 北京师范大学中国公益研究院：《中国儿童大病救助与慈善组织参与现状报告 (2013)》，第 5 页。

救助工作取得了较大进展。儿童被纳入城镇居民医疗保险与农村合作医疗范围，这是促使儿童纳入基本医疗保障的重大举措。此外，民政部等部门推动了"明天计划"、"重生行动"，动员慈善力量，开展横向合作。各地积极进行儿童大病救助工作的探索，已有 5 个省筹得了保险经费，率先为儿童福利院的孤儿办理了大病医疗保险。2010 年 6 月，《关于开展提高农村儿童重大疾病医疗保障水平试点工作的意见》（卫农卫发〔2010〕53 号）① 发布，农村儿童大病救助工作得以全面落实推进。

4. 保障主体

我国重病儿童的保障主体中，政府依然处于儿童医疗救助的责任主体地位，这是不容置疑的。在当前儿童基本预防和普通医疗保健问题逐渐解决的同时，需要进一步完善大病医疗保险制度建设。我国的儿童大病救助需要一种在党的领导下，政府主导、社会参与、福利服务和市场机制相互结合的运作模式。

国家医疗救助的基本原则是广覆盖、低水平，难以针对各类重大疾病实施有针对性的灵活的救助。在这一背景下，慈善组织发挥利用社会资源及提供细致专业服务的优势，广泛开展民间儿童大病救助工作，对于解决大病儿童及其家庭的困难、促进社会平稳和谐发挥了不可低估的作用。在儿童医疗卫生方面，由各社会组织提供的各类基金也起到了非常重要的作用。例如，中国儿童少年基金会成立的"中国儿童保险专项基金"，可涵盖 12 种少年儿童常患重大疾病，受捐儿童一旦确诊患病即可获得一次性赔付。这一保险能够为参加了城镇居民基本医疗保险或新型农村合作医疗的患儿家庭进一步减少需要自费承担的部分，也可以为患儿及其家庭补充必要的营养费、交通费和误工费等。②

虽然，许多慈善组织已经开展了大量涉及儿童大病救助的慈善项目。

---

① 《关于开展提高农村儿童重大疾病医疗保障水平试点工作的意见》，中央政府门户网站，2010 年 6 月 10 日，http：//www.gov.cn/zwgk/2010-06/10/content_1624580.htm。

② 北京师范大学中国公益研究院：《中国儿童大病救助与慈善组织参与现状报告（2013）》，第 5 页。

但单纯依靠社会捐赠的这些慈善项目对于满足贫困家庭儿童大病救助来说，还远远不够。儿童大病救助工作单靠某一地方和机构难以做到，需要中央和地方履行好责任，需要做好新型农村合作医疗、城镇居民基本医疗保险、城镇职工基本医疗保险和医疗救助等各项社会保障制度的衔接，需要协调好民政、卫生、社会保障等部门和各级慈善总会、红十字会的参与。由于儿童大病救助个案的特殊性，建议形成社会捐赠、财政资金、彩票公益金为救助资金投入渠道，特别是在政府部门的强力支持下，充分发挥慈善组织承担组织实施工作的机制，避免对政府救助公平性的压力，并发动社会力量广泛参与和开展这项工作。①

（三）流浪儿童

1. 流浪儿童保障对象界定

国际上广泛接受的流浪儿童的概念是一种"把流浪儿童就其居住方式而区分开来"的定义。此定义把流浪儿童分为两类：一类是完全与家庭脱离关系，居住在街头包括无人居住的废弃房里，没有任何负责的成人来保护、照顾、指引的儿童，称为"完全流浪儿童"。另一类是白天在街头从事某种工作以帮助家庭维持生活，晚上回家同家人同住的儿童，称为·"不完全流浪儿童"。② 按照中国政府对流浪儿童的界定，流浪儿童是指年龄在 18 周岁以下，离开家庭或监护人，流落于社会超过 24 小时，造成基本生存条件失去可靠保障而陷于困境中的少年儿童。包括离家出走、无人看管、被遗弃、被拐卖后出逃等的儿童。③

2. 保障内容

流浪儿童的保障内容主要涉及两个方面：一是生活性的救助，二是发展性的救助。生活性的救助就是为流浪儿童提供基本生活保障，即在保障安全之外，保障流浪儿童的衣、食、住、医疗、安置等方面。发展性的救

---

① 参见郑远长：《对建立儿童大病救助制度的思考和探索》，《社会福利》2009 年第 6 期。
② 李晓凤：《流浪儿童在中国社会的主流论述与研究新取向》，《当代青年研究》2009 年第 11 期。
③ 参见于晓辉：《流浪儿童救助保护法律问题研究》，河北师范大学硕士论文，2008 年。

助，即指将文化教育与法制道德教育、心理行为矫治相结合的保护教育模式，以此培养他们走向社会的劳动技能，为其回归社会自立生活做好准备。① 流浪儿童救助工作的重点应侧重于对流浪儿童的保护和教育，应转变"社会监控"为"社会关怀"。

各机构应根据流浪儿童的不同情况，分多个层次开展救助保护工作：第一，对家庭教育方式失当，造成孩子一时离家出走的，通过救助保护中心为其找家，在做好家长的工作的基础上，尽快使孩子回归家庭；第二，对被家庭遗弃，年龄较小或有残疾的儿童，经过核实无法查明家庭地址的，送儿童福利院；第三，对智力正常，因家庭忽略而离开家庭，无复杂流浪经历的儿童，救助保护中心为他们提供心理咨询，解决好其思想问题，同时做好家庭的说服教育工作，使儿童尽早回归家庭；第四，对家庭虐待或恶意伤害，屡遭屡返，街头生活经历复杂的儿童，民政部门与国际慈善组织合作，尝试开展"类家庭"管理方法，让无法回归家庭，但已能独立生活的大龄少年儿童在救助中心教师的指导下生活和接受思想品德、纪律法制教育，养成劳动习惯，为他们脱离街头生活、适应正常生活环境、培育健康心理奠定基础。②

3. 保障政策制度

从儿童福利政策的视角来看，有学者认为流浪儿童救助保护工作的基本原则应为：为儿童身心健康成长营造适宜的社会环境，选择最佳的政策模式与制度安排；既应考虑中国社会特色，又要考虑与国际惯例接轨。③

目前各地流浪儿童的救助主要是临时性的食宿供给和返乡护送。而那些长期流浪街头的未成年人在获得临时救助和被返送回乡后，由于导致

①　参见秦敏：《我国流浪儿童社会救助问题研究——宝鸡新星流浪儿童援助中心的个案分析》，西北大学硕士论文，2007 年。

②　参见杨春：《流浪儿童救助中政府与民间组织合作机制研究》，苏州大学硕士论文，2009 年。

③　参见刘继同：《儿童福利的四种典范与中国儿童福利政策模式的选择》，《青年研究》2002 年第 6 期。

他们流浪的家庭和社会环境并没有真正得到改善，因此，重复流浪率一直居高不下。从国家的长治久安和流浪儿童的根本利益出发，对他们的救助应改变目前临时救助的模式，把重构流浪儿童成长路径、实施保护性特殊教育作为救助的决定性环节。科学认识这种教育所具有的特殊的再社会化内涵，构建适合流浪儿童再社会化需要的特殊教育机制，则是转换救助模式、帮助流浪儿童重建自我成长能力和回归社会的基础。① 对于流浪儿童的救助与回归问题，应建立一个集寄养、看护、教育于一体的"类家庭"，为无家可归的流浪少年儿童融入主流社会奠定基础。②2003 年国务院妇女儿童工作委员会办公室委托石家庄市保护流浪儿童研究中心课题组所做的调研报告中指出③，流浪儿童的救助保护需要做好三个方面的工作：进行立法和政策干预；加大家庭在预防和保护流浪儿童方面的责任；建立开放性社会干预体系。

在政策法规方面，2003 年 8 月 1 日《城市生活无着的流浪乞讨人员救助管理办法》的实施，标志着中国政府正式废除了强制性收容遣送制度，建立起自愿性社会救助制度，标志着中国儿童福利服务对象由传统的孤残儿童扩大到包括流浪儿童在内的各类"困境儿童"和亿万"正常儿童"，标志着中国现代社会福利制度框架的基本形成，预示着中国由贫困救济向社会救助、由社会保障向社会福利、由剩余福利向全民福利、由分隔福利向整合性福利的结构性转变，具有重要的现实意义和深远的历史意义。④《中华人民共和国未成年人保护法》第二十九条规定：对流浪乞讨或者离家出走的未成年人，民政部门或者其他有关部门应当负责交送其父母

① 参见吴亦明：《流浪儿童救助模式的转换与保护性特殊教育机制的构建》，《南京师大学报》（社会科学版）2007 年第 6 期。
② 参见张明锁：《流浪少年儿童的救助与回归》，《青年研究》2003 年第 3 期。
③ 国务院妇女儿童工作委员会办公室、石家庄市保护流浪儿童研究中心课题组：《流浪儿童保护机制和对策研究》，《中国妇运》2005 年第 6 期。
④ 参见刘继同：《儿童福利的四种典范与中国儿童福利政策模式的选择》，《青年研究》2002 年第 6 期。

或者其他监护人；暂时无法查明其父母或者其他监护人的，由民政部门设立的儿童福利机构收容抚养。除了制定针对流浪儿童的法律和政策、完善救助保护系统之外，更要将社会工作制度引入流浪儿童的救助保护领域。[①]

王思斌认为，近几年来，在民政部的领导和推动下，我国的救助保护流浪儿童工作积极探索、锐意创新，取得了许多新的令人鼓舞的成果。第一，指导思想发生了重大转变，救助保护已经作为一种新的理念指导着流浪儿童的救助实践。第二，对流浪儿童的看法也发生了显著变化，他们从"充满恶习者"变为无辜者。第三，角色观念的变化。他们从被动接受救助者正在变为救助保护过程中的行为主体，参与已经变为他们的权利。第四，救助保护过程中越来越多地采用科学的方法。一些社会工作的专业方法被用于救助保护实践，并取得了明显的积极效果。第五，对流浪儿童的整合的、着眼于长远的服务被发展出来。[②]

4. 保障主体

我国现有的救助体系由两部分构成：一是由民政系统建立的流浪儿童救助机构，全部为政府事业单位，目前，全国共有 100 多家，它属于短期流浪儿童庇护场所。二是由地方政府主导，社会参与的流浪儿童救助机构。针对我国流浪儿童的特点及其现实状况，应建立起以国家为责任主体，全体公民共同参与，有重点、多层次、全方位的全程救助体系。[③]流浪儿童缺乏健康成长的环境和条件，其生存权、发展权和教育权等基本权益未得到制度保障，应整合国家、政府、社会及家庭等的力量，形成一套以生活临时救助机制、预防流浪机制与回归社会机制"三位一体"的流浪儿童救助体系。[④]流浪儿童救助保护体系的建设原则包括：政府依然要扮

---

① 参见王思斌：《流浪儿童救助保护的能力建设》，《中国青年政治学院学报》2005 年第 6 期。

② 参见王思斌：《流浪儿童救助保护工作的历史性发展》，《社会福利》2006 年第 8 期。

③ 参见李东方：《构建新型流浪儿童救助体系研究》，《安徽农业大学学报》（社会科学版）2009 年第 3 期。

④ 参见谢琼：《流浪儿童救助：政策评估及相关建议》，《山东社会科学》2010 年第 1 期。

演主要角色、社会力量的有效参与不可或缺、专业社会工作与本土社会工作相结合、档案管理与因人施救、对流浪儿童实施主动性救助保护。①

流浪儿童救助机构应当定性为国家代为履行监护责任的社会福利机构。②政府对于流浪儿童的救助具有不可推卸的责任，是整个救助体系的第一责任主体。但从现实国情来看，政府投入在财力、物力和人力上都有很大缺口，需要其他供给主体的参与，包括国际组织和慈善机构、志愿组织、社会团体、社区和企业等。除此之外，家庭和个人也应是救助体系的重要参与者。这主要包括家庭成员、青年学生、志愿者、自愿捐赠者等。③

（四）困境家庭儿童

我国现有的儿童福利政策较为零散，没有形成整合效应，关于困境家庭儿童的福利政策研究也非常零散。我国现有的儿童福利服务主要围绕孤残儿童展开，而给予其他困境家庭儿童的福利服务则较少。相应地，关于此方面的研究也较少，仅有的少数研究也只是从属于特殊困难儿童的支持性服务范畴，并没有很明确地指明是关于困境家庭儿童福利服务的研究。

1. 困境家庭儿童保障对象界定

2013 年 6 月 7 日，民政部下发通知，儿童群体被分为孤儿、困境儿童、困境家庭儿童、普通儿童四类。民政部还将困境家庭儿童分为四类：父母重度残疾或重病的儿童、父母长期服刑在押或强制戒毒的儿童、父母一方死亡另一方因其他情况无法履行抚养义务和监护职责的儿童、贫困家庭的儿童。困境家庭儿童中关于前三类儿童的研究相对较少，故本部分着重于贫困家庭儿童。而贫困家庭儿童是指其家庭收入低于当地最低生活保

---

① 参见毕伟：《流浪儿童关系网络的社会功能与构建路径》，《中国青年研究》2012 年第2 期。

② 参见鞠青：《启动制约流浪儿童救助瓶颈》，《社会福利》2004 年第 2 期。

③ 参见李东方：《构建新型流浪儿童救助体系研究》，《安徽农业大学学报》(社会科学版)2009 年第 3 期。

障标准的所有儿童，其中包括低保家庭儿童、农村五保户儿童等。①

2. 保障内容

对于贫困家庭儿童的保障，最主要的还是经济方面的保障，其次还涉及教育方面、医疗方面。良好的基础设施，基本的教育、医疗等社区公共服务，以及对贫困家庭儿童提供有针对性的社会福利的制度安排，是从根本上解决儿童贫困的前提条件。满足儿童的福利需求，需要有社会福利供给者的资源保证和良好的福利制度安排。②

3. 保障政策制度

作为一项普遍的、有效的社会政策，城乡低保制度对保护贫弱群体与构建和谐社会发挥了巨大的作用，它是我国反贫困战略的一项重大举措。然而问题是，我国贫困的表现是多方面的，最低生活保障制度只是着眼于解决贫困人口的生活困难问题，却忽视了贫困家庭儿童健康医疗和就学方面的困难救助。低保政策没有针对有子女的家庭而专门设计保障措施，如教育津贴、医疗救助等，较低的贫困保障线仅能维持贫困家庭的物质生活，针对其家庭中儿童的保障成为贫困家庭社会保障制度的一个重要缺口。③ 在目前的社会保障体系中，贫困儿童是作为贫困家庭中的普通成员被包含在救助政策范围之内的，并没有专门的针对儿童的救助政策。④

在生活方面，针对城乡低保家庭儿童，现行的社会救助政策主要有城镇居民最低生活保障制度、农村特困户救济制度、农村居民最低生活保障制度、农村医疗救助制度、城市医疗救助制度和城乡特殊困难未成年人教育救助制度，主要聚焦于城乡低保家庭儿童的生活、医疗、教育三个方

---

① 参见张时飞、唐钧：《辽宁、河北两省农村低保制度研究报告》，《东岳论丛》2007 年第 1 期。

② 参见张克云：《中西部农村贫困地区的儿童福利现状及需求分析》，《中国农业大学学报》(社会科学版) 2012 年第 4 期。

③ 参见梁慧颖、宋玉奇：《我国贫困儿童救助问题研究》，《辽宁行政学院学报》2008 年第 12 期。

④ 参见顾莉：《我国贫困儿童社会救助问题研究》，云南大学硕士论文，2011 年。

面的基本需要。①

在教育方面，党的十六大以后，中央政府和部分地方政府加快了义务教育贫困家庭儿童资助制度的建设。2004 年财政部、教育部制定了《对农村义务教育阶段家庭经济困难学生免费提供教科书工作暂行管理办法》。2005 年中央一号文件提出，到 2007 年，争取全国农村义务教育阶段贫困家庭学生都能享受到免书本费、免杂费、补助寄宿生活费的资助，即"两免一补"。目前对贫困家庭儿童教育方面的救助主要包括国家义务教育工程和"两免一补"等。

在医疗方面，中国贫困儿童的医疗保障体系现在处于非常脆弱的状态。目前，针对儿童的医疗保障形式主要有父母单位家属半劳保、农村合作医疗、商业保险。根据城市的医疗保障政策，如果父母有正式工作，孩子的医药费可以报销一半，而当父母因失业陷入贫困时，儿童的医疗福利也同时失去。②

在提高贫困地区家庭收入的同时，关注儿童福利既能满足儿童生长需要，预防不利于儿童状况的发生，也是长远解决农村贫困问题的突破口。因此制定面向贫困儿童的综合性社会保护政策，提高农村社区的公共服务水平，建立贫困家庭儿童的信息监测体系成为解决儿童贫困问题的题中应有之义。为实现上述目标，张克云提出三点建议：（1）采取对贫困家庭的补充性的儿童福利措施，并建立综合性的贫困儿童保护机制。（2）提供对贫困地区家庭的福利服务，建立一支服务于农村社区和农村家庭的社工队伍。（3）从多维视角对贫困儿童进行科学的定义，建立贫困家庭儿童的信息监测体系。③

---

① 参见张时飞、唐钧：《辽宁、河北两省农村低保制度研究报告》，《东岳论丛》2007 年第 1 期。

② 参见梁慧颖、宋玉奇：《我国贫困儿童救助问题研究》，《辽宁行政学院学报》2008 年第 12 期。

③ 参见张克云：《中西部农村贫困地区的儿童福利现状及需求分析》，《中国农业大学学报》（社会科学版）2012 年第 4 期。

目前中国的贫困家庭儿童救助还存在一些突出的问题，因此有学者建议，首先，要举全国之力，对贫困家庭儿童群体进行全面保护，例如要逐步扩展社会救助的覆盖范围，建立贫困家庭儿童基本生活保障制度，启动为所有儿童设立"个人发展账户"的研究工作。其次，要支持和重建家庭，改善贫困家庭儿童群体的成长环境。包括经济上支持家庭和服务上帮助家庭两个方面。[①] 丰富多彩的家庭服务与发达完善的家庭津贴制度可以确保家庭的角色功能正常发挥作用。国家应尽快建立家庭津贴制度，对家庭生活困难和低收入的家庭给予资助，确保贫困家庭的儿童不因贫困而受到社会排挤和歧视。

4. 保障主体

对于困境家庭儿童的救助，依然要坚持政府主导，社会各界广泛参与的机制。政府要在宏观层面上制定保护困境家庭儿童的政策法规，加大财政的投入力度，以此保障困境家庭儿童的基本生活。家庭是贫困儿童福利服务的重要环节。孙莹认为，应针对特殊困难儿童的福利需求，支持家庭的核心功能，满足贫困家庭的需求。[②] 目前，关于我国儿童福利发展的多种服务方式，学术界普遍认为家庭在未来促进儿童福利水平方面将发挥非常重要的作用，满足未成年人需求的重要环节是家庭。在为城市贫困儿童提供福利服务时，社区也是一个重要的社会支持主体。孙莹论述了建立以社区为基础的特殊困难儿童社会支持系统的理由，指出不管是从社区的本质还是我国社区治理结构从街居制向社区制的发展，以及世界各国福利政策和方案对社区的关注度来看，依托社区提供福利服务都将成为可能。在重视家庭与社区的同时，还应建立儿童福利服务输送的多元体制，儿童福利工作的推动有赖于家庭、社会及政府的共同参与。此外，推进城市贫困儿童福利服务还需要专业的社会工作人员来进行，需要对从事社会救助的工作人员进行培训，使他们具备社会工作的价值观，掌握社会工作的专

---

① 参见张时飞、唐钧：《中国贫困儿童救助：问题与对策》，《新视野》2009 年第 6 期。
② 参见刘继同：《儿童福利的四种典范与中国儿童福利政策模式的选择》，《青年研究》2002 年第 6 期。

业知识，以适应社会救助工作。①

三、困境儿童救助的实践进展

（一）残疾儿童

1. 基本保障方面

陈静指出，基本生活保障是我国孤残儿童社会保障的核心内容，目前该项制度已经在我国各地基本建立并发挥着保障作用。尤其是近年来，随着经济的发展和社会成员生活水平的普遍提高，各地孤残儿童的养育标准也得到了调整。如辽宁省、桂林市、庐州市等地将福利机构集中供养孤儿的最低养育标准提高到每人每月 1000 元；郑州市自 2011 年起将福利院供养的孤残儿童的养育标准提高到每人每月不低于 1300 元；浙江省则规定孤残儿童最低养育标准按不低于当地上年度城镇居民家庭人均消费性支出的 70% 等。②

2. 政府的救助计划

居住环境是孤残儿童的基本生存条件之一，为了解决儿童福利机构建设及床位不足的问题，民政部于 2006 年启动了"儿童福利机构建设蓝天计划"，资助地方政府在大中城市新建、改建和扩建一批儿童福利机构。从 2006 年起，民政部每年从彩票公益金中安排 2 亿元，地方民政部门也将留成的福利彩票公益金进行配套，在全国大中城市建设和改建一批儿童福利机构，为孤残儿童提供功能完善的福利服务场所和设施。2010 年颁布的《国务院办公厅关于加强孤儿保障工作的意见》进一步提出，要加强儿童福利机构建设，提高保障水平。但必须注意到的是，由于资金的限制，"蓝天计划"的受益者基本上都是大中型城市中的儿童福利机构，而大量小城市的福利机构仍然存在收容能力严重不足的问题。

---

① 参见孙莹：《儿童流浪行为分析及其干预策略》，《中国青年政治学院学报》2005 年第 6 期。

② 参见陈静：《孤残儿童社会保障现状及发展路径研究》，《残疾人研究》2012 年第 2 期。

学者尚晓援等通过山西省大同市社会福利院的个案研究，探讨了如何在资金有限的条件下对孤残儿童提供最有效的保护的问题。① 大同家庭寄养项目的经验和教训对中国的儿童保护制度和家庭寄养项目的发展有着宝贵的借鉴意义。从政策发展的角度看，"乳娘村"兼有家庭寄养和集中养护的优势。寄养在"乳娘村"的孩子得到了寄养家长亲生父母一般的照顾，被养护儿童可以和她们建立稳定的心理依恋关系，这对儿童的身心健康成长至关重要。在仇雨临《我国孤残儿童福利保障政策的评析与展望》一文中提到，由民政部牵头实施的"明天计划"和"蓝天计划"针对孤残儿童的手术和康复、儿童福利的机构建设提出了具体的要求和办法，通过中央和地方财政资金投入，改善孤残儿童的健康状况和生活条件。这些项目的实行，使残疾儿童直接获益。在我国福利机构收养的儿童中，残疾者所占的比例非常高，以心脏病、肢体畸形、脑瘫、先天性精神残疾等问题为主。为了一定程度上满足这一群体的手术医疗和康复需求，2004 年，民政部启动了"残疾孤儿手术康复明天计划"，为全国范围内的数万名残疾孤儿进行了手术矫治和康复。② 仅 2012 年，"明天计划"就在儿童福利机构内开展手术矫治近 4000 例。③

3. 其他的保障形式

2008 年民政部等部门联合颁布了《关于进一步发展孤残儿童福利事业的通知》，要求各地教育部门对福利院收养的就读于小学、初中的学龄儿童免收杂费和书本费；对被高中、技校、中专、高等学校录取的福利院孤儿，学校可免收学杂费，并给予必要的经济资助。2010 年《国务院办公厅关于加强孤儿保障工作的意见》也要求切实保障残疾孤儿受教育的权利。但在实践中，这些政策所给予的只是一种指导性意见，我国孤残儿童

---

① 参见尚晓援、伍晓明、万婷婷：《从传统到现代：从大同经验看中国孤残儿童福利的制度选择》，《青年研究》2004 年第 7 期。

② 仇雨临：《我国孤残儿童福利保障政策的评析与展望》，《社会保障研究》2007 年第 2 期。

③ 中华人民共和国民政部，网址：http://sw.mca.gov.cn/article/2wgk/m2bhsh22xm/201209/20120900354654.shtml。

的教育仍然存在很大问题。在孤残儿童就业保障政策方面，《国务院办公厅关于加强孤儿保障工作的意见》要求鼓励和帮扶有劳动能力的孤儿成年后实现就业，落实好职业培训补贴等政策；优先安排其到公益性岗位就业等。各地政府出台的政策文件中对成年孤儿就业的意见大多类似。

（二）重病儿童

1. 政府的正式救助

《民政部关于建立儿童福利领域慈善行为导向机制的意见》（民发〔2014〕19号）（以下简称《意见》）中明确指出，对于事实无人抚养儿童、残疾儿童、患大病重病儿童、患罕见病儿童、流浪儿童、流动儿童、留守儿童、贫困家庭儿童等群体，各级民政部门要指导各类社会力量兼顾经济援助和服务支持，既帮助儿童解决基本生活方面的需求，也满足儿童在教育、医疗、安全、心理健康、社会融入等方面的需要。在《中国儿童发展纲要（2011—2020年)》中明确指出，要保障儿童基本医疗。在城镇居民基本医疗保险和新型农村合作医疗制度框架内完善儿童基本医疗保障，逐步提高儿童医疗保障水平，减轻患病儿童家庭医疗费用负担。提高儿童医疗救助水平，加大对大病儿童和贫困家庭儿童的医疗救助。对贫困家庭儿童、孤儿、残疾儿童参加城镇居民基本医疗保险及新型农村合作医疗个人缴纳部分按规定予以补贴。

儿童大病医疗保障是很多有大病儿童家庭迫切需要的服务。截至2010年9月30日，全国有23个省（自治区、直辖市）制定或修订下发了关于农村儿童大病救治的实施方案，内蒙古、安徽、湖南等省（自治区）将试点范围扩大到全省（区）；除山东省外，其他22个省（自治区、直辖市）均根据《意见》要求，采取了定额、定点、按诊疗路径救治的方式，安徽、江西、山东等省适当扩大了试点病种范围；内蒙古、安徽、江西、河南、湖北、云南、青海等省（自治区）民政部门高度重视，对所有患试点病种的患儿实行普遍救助。时任卫生部部长陈竺在全国政协十一届四次会议上表示，2011年我国儿童先天性心脏病和急性白血病将全面推行免费治疗，其中由新农合报销70%，然后由大病救助的基金根据家庭的情况给予20%的补偿，共能给予困难家庭90%或者更高的补偿。此外，各地的社会慈善力量也积极投入儿童大病救助。2010年，深圳市发动社会各界捐款，筹集资金，建立少儿大病救助基金，并调研制定少儿大病救助办法，出台《少儿大病慈善救助基金管理使用办法》，9月底组织实施接受儿童大病救助的申请，并于12月实现儿童大病慈善救助的常态化和制度化，随时接受和审批对儿童大病医疗的慈善救助申请。湖北省慈善总会则于2010年6月，启动儿童大病救助基金，设定3家首批定点医院，救助白血病、血友病、尿毒症和先天性心脏病4类病种，并计划募集专项经费5000万元以上，为全省特困家庭的儿童大病治疗提供救助。[①]

2. 社会组织救助

目前，许多慈善组织已经开展了大量涉及儿童大病救助的慈善项目。2012年，70多家慈善组织开展了130多个儿童大病救助项目，覆盖了10多种儿童重大疾病，对数万名患儿实施了救助。与国家医疗救助仅针对低保户等绝对贫困人群所不同的是，慈善组织除了对绝对贫困家庭实施医疗救治外，还对一些因病致困的普通家庭实施了包括医疗费用、药品发放、器械捐助、心理辅导等多样化的救助，并在患儿进行治疗时就提供及时的救助，免去了患儿家庭提前垫付资金的负担。慈善组织在儿童大病救助工作上的灵活性和多样性，使其成为我国儿童大病医疗救助工作中必不可少的一部分。无论是从救助对象的广泛性，还是救助方式与救助内容的多样性、救助程序上的灵活性来看，慈善组织都已是我国儿童大病医疗救助中不可缺少的力量，是国家医疗救助的重要补充。[②]

（三）流浪儿童

我国现有的流浪儿童救助体系由两部分构成：一是由民政系统构建的流浪儿童救助机构，二是由地方政府主导，社会参与的流浪儿童救助机

---

① 北京师范大学壹基金公益研究院儿童福利研究中心：《中国儿童福利政策报告2011》，第22页。

② 北京师范大学中国公益研究院：《中国儿童大病救助与慈善组织参与现状报告（2013）》，第24页。

构。以石家庄流浪儿童保护教育中心为例。该中心于 2002 年 3 月由石家庄市司法局牵头，教育、民政、公安、团委、妇联等部门配合，投资 250 余万元建成。经过几年的时间，他们逐渐探索出"建家、进校、就业、走向社会"的工作思路，已取得显著成效，受到社会各界的认可，成为各地救助机构管理运作的榜样。李东方认为，对于那些年龄偏大，流浪时间较长，自主意识很强，难以回归自然家庭的儿童，应尝试建立"类学校"和"类家庭"。现在，有些城市已经开始建立"类学校"试点，如郑州。这类学校不仅应为他们提供学习场所和文化知识的传授，更应该注重教授心理健康知识，使他们对社会、对生活有新的认识，并从心理上得到矫治，培养他们的职业观、价值观、人生观，为将来走向社会打下基础。对于年龄更大一些的儿童，如 14 岁以上，有一定自立能力的儿童，可采取"类家庭"的形式。这一部分儿童可在民政部门登记注册，然后依托社区，为他们提供住房等必需生活辅助设施和学习场所，使其拥有基本的生活能力和基本知识素养，自主自力地生活，社区对他们实施监督管理等职责。①

2006 年，国家 17 个部委颁布的《关于加强流浪未成年人工作的意见》，明确要求要注重流浪未成年人犯罪预防工作，保证流浪未成年人基本生活需要，强化对流浪未成年人的管理，注重流浪未成年人教育，努力促使流浪未成年人回归社会。打击幕后操纵和利用未成年人进行违法活动的犯罪行为。要加大投入，建立完善流浪未成年人救助保护机构。学者毕伟指出，伴随流浪儿童群体规模的不断扩大，中国流浪儿童救助保护的模式在诸多地区的实践中得到创新。当前，具有地方特色的流浪儿童救助保护的实践模式有：(1) 盘锦模式。主要通过家庭寄养模式促使流浪儿童融入主流社会，即在尊重儿童意愿的基础上，将流浪儿童救助保护中心所救助的流浪儿童委托给社区正常家庭养育的照顾模式。(2) 郑州模式。是指以"类家庭"、全天候救助中心、街头流动救助、职业技能培训、家庭寄

---

① 参见李东方：《构建新型流浪儿童救助体系研究》，《安徽农业大学学报》（社会科学版）2009 年第 3 期。

养、救助小学为主要内容的模式。(3) 成都模式。是指"以流浪未成年人救助保护中心为平台，政府主导、民政主管、部门配合、社会参与、民间及国际组织交流合作的流浪未成年人救助保护机制"。(4) 天津模式。主要特点是"责任家长"模式，由一名老师担任 1—2 名流浪儿童的家长，把原来的教师和学生关系、管理者与被管理者关系，转变为家长和子女的亲情关系。(5) 石家庄模式。也即"建家、进校、就业、走向社会"的工作模式，主要特点是保证救助保护工作的持续性。(6) 秦皇岛模式。通过多种途径来打造儿童救助保护模式。途径之一是建立全天候开放式的"流浪儿童之家"；途径之二是做好早期预防、早期干预工作，从源头上控制儿童外出流浪；途径之三是营造保护儿童社会氛围，扩大社会参与网。(7) 广东模式。其特点主要体现在三个方面。一是开展流浪少儿"类学校"式管理教育，二是开展劳动技能培训，三是开展与国际组织的合作。

　　1995 年，中共中央办公厅、国务院办公厅在《关于转发〈中央社会治安综合治理委员会关于加强流动人口管理工作的意见〉的通知》中就提出："对于在社会上长期流浪、无家可归，失去正常生活、学习条件和安全保障的少年儿童，要采取保护性的教育措施。可在流浪儿童较多的城市试办流浪儿童保护教育中心。"此后民政部开始推动流浪儿童救助保护中心的建设，2004 年民政部进一步制定了《流浪儿童救助教育项目资助办法》。《中华人民共和国未成年人保护法》和《中华人民共和国预防未成年人犯罪法》都明确规定，国家和社会负有保护未成年人包括流浪未成年人合法权益的责任和义务。2003 年 8 月，国务院颁布施行《城市生活无着的流浪乞讨人员救助管理办法》，废除了原有的流浪人员收容管理办法，建立了"以人为本"的新型的流浪人员社会救助体制。在流浪人员的救助中，根据"儿童优先"的原则，实施对流浪儿童的保护性救助，预防流浪儿童违法犯罪，保护流浪儿童的合法权益。设于全国各市县的社会救助站点，对流浪儿童开展主动救助，为他们提供食宿保护，护送他们返回家乡。为了强化儿童保护功能，改变救助管理站与流浪儿童救助保护机构简单合一的格局，全国各地建成了 130 多个专门为流浪儿童提供紧急庇护的救助保护中心。

（四）困境家庭儿童

在《中国儿童发展纲要（2011—2020 年)》中明确指出，要保障受艾滋病影响的儿童和服刑人员未满 18 周岁子女的生活、教育、医疗、公平就业等权利。《民政部、教育部关于进一步做好城乡特殊困难未成年人教育救助工作的通知》（民发〔2004〕151 号）中指出，各级民政、教育行政部门在当地党委、政府的支持下，要进一步加大对城乡特殊困难未成年人教育救助工作的力度，扎扎实实地推进工作，到 2007 年要实现以下目标：第一，对持有农村五保供养证和属于城市"三无"对象的未成年人，基本实现普通中小学免费教育；第二，对持有城乡最低生活保障证和农村特困户救助证家庭的子女在义务教育阶段基本实现"两免一补"（免杂费、免书本费、补助寄宿生活费），高中教育阶段要提供必要的学习和生活补助。2008 年 9 月 1 日起在全国城乡范围内全部实现免除义务教育学杂费，并且为贫困家庭子女义务教育阶段免费提供课本。至此，我国城乡义务教育全面落实了《义务教育法》中提及的"实施义务教育，不收学杂费"的基本要求。目前，我国已经建立了"两免一补"、经常性补助、特殊困难未成年人教育救助为主要内容的教育救助制度。民政部和教育部联合下发的《关于进一步做好城乡特殊困难未成年人教育救助工作的通知》是对于我国贫困儿童教育救助的指导性文件。

民政部门对贫困儿童的救助主要包括两个方面：资助贫困儿童参加城镇医疗保险和新农村合作医疗，同时，民政部门对特殊困难家庭患重（大）疾病的儿童在医保报销范围之外的自负比例部分给予一定的救助。目前，河南省城市低保家庭的儿童持低保证可免交城镇医疗保险费用，农村低保和五保儿童可以持相关证件免费参与新农村合作医疗，由政府全额补助。

贫困家庭儿童救助实务经验方面，在"明天计划"的基础上，民政部又进一步启动了"重生行动——全国贫困家庭唇腭裂儿童手术康复计划"，为包括孤残儿童在内的贫困唇腭裂儿童进行免费的手术治疗和康复治疗，并取得了较好的效果。

安徽省民政厅曾经指出，随着经济发展和社会文明进步，建立适度普惠型的儿童福利保障体系势在必行。根据省内实际，安徽省采取了"抓点带面"的方式，逐步推进儿童福利保障体系建设。做法主要是：在服务对象上，凡是孤儿都纳入服务范围，事实上无人抚养的未成年人也纳入了服务范围，基本实现了由补缺型向适度普惠型的转变。在资金保障上，以财政为主，建立儿童福利的资金保障机制。在资金筹集上，救助资金全部由财政供给，市、县财政按照比例分级负担。在服务保障上，以民政部门为主，建立部门协调配合的工作机制。以民政部门牵头，教育、医疗、公安、住房建设、劳动保障、共青团、妇联、残联等部门通力配合，解决孤儿在生活、教育和成长中的各种问题。在监督保障上，以乡镇民政办为主，以社区和村为主，建立全社会共同关注的监督保障机制。①

根据1999年国务院颁布的《城市居民最低生活保障条例》，并结合河南省实际情况，河南省于2002年5月颁布《河南省〈城市居民最低生活保障〉实施办法》，标志着河南省城市居民最低生活保障制度开始走上法制化的轨道。按照《河南省〈城市居民最低生活保障〉实施办法》要求，河南省积极落实"应保尽保"，家庭收入低于当地最低生活保障标准的未成年人基本都已纳入河南省城市最低生活保障体系。河南省根据2007年《国务院关于在全国建立农村最低生活保障制度的通知》（国发〔2007〕19号）要求，逐步在全省范围内建立农村最低生活保障制度。农村低保对象范围主要是农村家庭人均纯收入低于当地低保标准的贫困居民，根据各地农村低保工作的实际情况，强调保障的重点是那些因疾病、残疾、年老体弱、无劳动能力和生存条件恶劣等原因造成家庭生活常年困难的农村居民。截至2010年年底，河南省纳入农村最低生活保障救助贫困家庭未成年人总数为37万人，占全省农村低保总人数的10.1%。未成年人是目前享受分类救助的重点人群。分类救助政策普遍把贫困儿童视为需要进一步

---

① 安徽省民政厅：《安徽：建立适度普惠型的儿童福利制度》，《社会福利》2009年第11期。

救助的主要对象。孤儿、低保家庭中的未成年人、重残（病）未成年人、基本都纳入了分类救助范围。河南省各地市把家庭困难的孤儿、残疾儿童、患重大疾病等特殊困难儿童都纳入了分类救助政策。

2005 年中国红十字基金会推出了"红十字天使计划"，其宗旨是关注未成年人及贫困农民的生命与健康，资助未成年人和贫困农民参加新型农村合作医疗，对患有重大疾病的贫困农民和未成年人实施医疗救助。在"红十字天使计划"下设的 11 个大病救助专项基金中，其中 5 个基金项目都是有关未成年人医疗救助的，包括救助白血病未成年人的"小天使基金"、救助先天性心脏病的"天使阳光行动"、救助唇腭裂未成年人的"嫣然天使基金"、救助失聪未成年人的"天使回声基金"、救助下肢畸形未成年人的"奔跑天使基金"。截至 2010 年年底，"红十字天使计划"累计投入的善款包括日常捐款 5.4 亿元，并针对白血病、先天性心脏病、失聪、唇腭裂、肢体残疾、肿瘤等贫困患者开展大病救助项目，为 3.1 万人提供了医疗资助。目前，"红十字天使计划"的救助范围遍及全国 31 个省（区、市），共救助 1066.6 万人。

2009 年中国未成年人基金会推出"中国未成年人保险专项基金"，针对未成年人（尤其是孤儿群体，包括福利院集中抚养的孤儿和社会散居的孤儿）免费发放。"孤儿保障大行动"是中国未成年人保险专项基金以社会公开招标的方式确定的公益性的未成年人医疗保险产品，用以向孤儿和贫困儿童进行捐助。每捐助 50 元就能为 1 名孤儿或贫困儿童提供 1 年期保额为 10 万元的公益保险。截至 2010 年 7 月，基金筹集善款 1400 多万元，完成了北京、河南、青海、山西在内的 10 个省市的 26 万份未成年人重大疾病公益保险的发放。

第三章　困境儿童的不利处境

任何社会政策都应该建立在对其对象及所处环境的系统评估基础上，尽管这一逻辑在实践中经常被忽视。对困境儿童生存处境，尤其是这一群体所面临的问题及其需求的评估和分析，是我们提供政策和制度建议的基础，也是分类保障的依据。从群体和社会生态的角度出发，问题和需求的评估需要系统的调研，从政府的政策制度，到相关的社会组织和机构，再到具体的社区和家庭，是一个层层深入的过程。要尽可能精确描述问题的表现和需求的层次，同时也要深入剖析造成其困境的原因。

第一节　孤残儿童

一、全国孤残儿童福利保障概况

（一）孤儿的社会保障现状

《2015 年社会服务发展统计公报》显示：截至 2015 年年底，全国共有孤儿 50.2 万人，其中集中供养孤儿 9.2 万人，社会散居孤儿 41.0 万人。2015 年全国办理家庭收养登记 2.2 万件，其中，内地居民收养登记 1.9 万件，港、澳、台居民收养 179 件，外国人收养登记 2942 件。改革开放以来，在我国国民经济稳步发展与社会服务事业系统逐步完善之时，儿童福利事业也取得了飞跃性的发展：孤儿数量逐年下降，各类社会福利机构收养儿童数量逐年上升，社会散居孤儿数量和家庭收养登记数量都呈下降趋势。

2010 年，民政部、财政部联合下发了《关于发放孤儿基本生活费的通知》，提出了要科学制定标准，全面落实孤儿保障资金，自 2010 年 1 月起为全国孤儿发放基本生活费。在该文件中，不仅明确了中央的责任，"中央财政 2010 年安排 25 亿元专项补助资金（2011 年该资金增加至 36 亿元），对东、中、西部地区孤儿分别按照月人均 180 元、270 元、360 元的标准予以补助"。同时，还强调了地方义务，"各省（自治区、直辖市）要根据城乡生活水平、儿童成长需要和财力状况，按照保障孤儿的基本生活不低于当地平均生活水平的原则，合理确定孤儿基本生活最低养育标准"。

各地在孤儿生活费发放工作中都制定了具体操作步骤，有的省市制定了明显高于民政部要求的生活费标准，例如北京、青岛、辽宁等；有的省市明确了孤儿生活费各级政府的分担比例。例如，河北省提出，孤儿每月基本生活费除中央补助资金外，不足部分由省、设区市、市直管县按 3∶4∶3 的比例分担；有些省市将享受孤儿生活费补贴的人群细分，补贴标准更为精确，例如江西省；还有较多省份不仅将孤儿，还将服刑人员子女、重残人员子女、受艾滋病影响的儿童等纳入保障范畴。

2013 年以来，河北省从"一切为了孩子，为了孩子的一切"的原则出发，逐步加大对孤儿的保障力度，加快孤儿保障体系建设步伐，拓展孤儿福利的保障范围，并通过"明天计划"、"蓝天计划"等项目的实施，改善了孤儿的生活环境，最大限度地保障了孤儿的权益。特别是省民政厅在石家庄市建立全国首个"婴儿安全岛"，开创了弃婴救助新模式，被民政部在全国推广；河北省积极适应社会发展，将父母离异、重残及服刑人员的无人监管的子女纳入孤儿保障范围，并将孤儿基本生活保障标准提升至散居孤儿每人每月 700 元，机构养育孤儿每人每月 1150 元。

但是，由于我国大陆孤儿福利工作起步较晚，发展时间较短，还存在困境儿童保障工作不完善、保障制度不健全、服务管理网络不连贯、儿童福利机构建设和管理水平低等问题。一直以来，我国整体面向孤儿群体的保障制度尚不健全，孤儿保障水平偏低、难以满足其成长需求，儿童福利机构护理人员短缺且专业化程度低，孤儿在医疗康复、教育、住房及成年后的就业等方面的完善上还有很多困难。

（二）残疾儿童的社会保障现状

1984 年，中国召开了全国城市社会福利事业单位改革整顿工作经验交流会议，提出了对残疾儿童等收养对象实行供养与康复并重的方针。在工作中，对残疾儿童实行"养、治、教"相结合的方式。对智力健全而肢体残缺的婴幼儿，尽可能给予矫治和锻炼，施以适当的文化和职业技能教育，为将来参与社会、劳动就业创造条件；对智力发展不全的残疾儿童，尽可能地训练他们自理生活和从事简易劳动的能力；对智力严重缺损的，不仅要把他们养好，而且要积极开展多种形式的康复活动。1984 年以后，民政部先后多次派出慰问团，对云南、新疆、吉林、黑龙江、内蒙古五省（自治区）的孤儿和残疾儿童进行慰问。1995 年 10 月 18 日，卫生部、民政部公布《关于实施残疾孤儿康复工程的通知》，决定在全国实施"残疾孤儿康复工程"，规定医治对象为社会福利机构中具有康复可能的残疾孤儿，并就参与单位、实施时间、实施要点和有关事项作出相关规定。2006 年，民政部修订了《农村五保供养工作条例》，新条例把农村五保供养纳入公共财政保障为主的新轨道，重新规定了农村"五保"对象，并"把供养经费调整为主要从上级财政转移支付和地方各级财政预算中安排"[①]。在供养方式方面，新条例的第二十条规定："农村五保供养对象可以在当地的农村五保供养服务机构集中供养，也可以在家分散供养。农村五保供养对象可以自行选择供养形式。"

2004 年，民政部启动了"残疾孤儿手术康复明天计划"，为全国范围内的数万名残疾孤儿进行了手术矫治和康复。仅 2010 年，"明天计划"就在儿童福利机构内完成手术康复 3227 例。《国务院办公厅关于加强孤儿保障工作的意见》和部分省市出台的相关政策提出将孤残儿童的基本医疗纳

---

① 宋士云：《新中国农村五保供养制度的变迁》，《当代中国史研究》2007 年第 1 期。

入城镇居民基本医疗保险、城乡医疗救助等制度的覆盖范围，将符合规定的残疾孤儿医疗康复项目纳入基本医疗保障范围等。但这些政策尚处于起步阶段，能否得到实施、实施效果如何尚不明了。

二、孤残儿童及其家庭所面临的问题

（一）福利院里的孤残儿童：BD 市的个案

BD 市民政事业中心儿童福利科主要承担市区孤儿、弃婴、弃儿的接收、安置，为孤儿、弃婴、弃儿提供科学养护、生活照料、医疗康复、特殊教育等综合性服务工作。儿童福利科建有儿童宿舍楼、类家庭楼和杨受成慈善基金捐建的儿童福利楼，共设有床位 350 张，现有工作人员 40 多名。目前，儿童福利科共收养 0—18 岁孤残儿童 120 余名。通过与 BD 市儿童福利院的工作人员和一线服务人员的访谈，得知残疾儿童的主要困境有以下几点：

1. 存活问题

从公安局送来的弃婴、弃儿当中，绝大部分属于重度残疾。有些可以手术，有些直接就失去了生命。而且福利院缺乏掌握育婴技术的专业人员，对于婴儿的照料更加困难。

> 我们这里也没办法。……主要是送过来的几乎都是有问题的。百分之九十五以上吧。而且我们这里实际上没有特别专业的人员来处理……我们必须要和医院联系……有的（孩子）就没办法（活下来）。（××福利院工作人员 B1）

2. 寄养问题

整体来看，寄养儿童的情况并不乐观。一般而言选择收养儿童的家庭大都希望能够收养健康的儿童。福利院对有轻度残疾的儿童，通过手术及恢复之后，一般都联系涉外（国外）的家庭来收养；寄养家庭每个月应享受国家补贴 800 元，福利院每个月会从中留下 200 元作为每个孩子的机动资金，所以每个家庭每月可以拿到600元的补贴；部分寄养家庭的寄养行为带有一定的商业性目的，希望可以得到政府的政策倾斜，然而对儿童来说，可能得到的看护不如福利院中的照料细致专业，所以后期一些寄养儿童都被福利院重新接了回来。

> 有的寄养家庭的动机不纯……有其他商业性的目的吧。我们过去随访，发现孩子状况不好，就又接回来了。(×× 福利院部门负责人B2)

3. 术后康复问题

比如脑瘫儿童分为好多种，但是手术有效的人数不多。调研期间正赶上一批次的脑瘫儿童做手术，只有3个通过手术大脑清醒，但是手脚依然无法控制。目前的护理人员缺乏术后康复的专业技术与能力，自己培训的人员只能暂时"无证上岗"，所以无法给予孩子们更好的照顾，也谈不上细致专业的康复服务。

> 我们人少，你看看，就这几个阿姨，还要轮流值班。其实也没有专业护理能力，主要是维持孩子们吃饭和卫生，做不到康复护理。……主要是待遇低，正规编制报的人少……上次来了个XB大学的社会工作专业的，人家也不干专业的，2年就调走了。(×× 福利院工作人员B1)

4. 孤残儿童培养问题

福利院的工作人员受到相关规定和自身职业道德的限制，不能对儿童进行体罚或者任何形式的处罚，但在专业教育和服务支持方面能力相对欠缺。而同时由于儿童们缺乏持久明确的家庭教育，因此导致了很多孩子性格上存在缺陷，不仅独立意识差，什么好东西都争着要，而且缺乏感恩之心，基本的道德意识欠缺。

　　我们这里出去的孩子……（上学后，作者注）学校反映，什么东西都认为是自己的，可能是在这里使用公家的工具惯了……还有没有什么感恩的心，甚至非常不喜欢自己的出身，就是×××，当了×街道的片警了，我们去给孩子上户口，结果不仅装作不认识我们，而且还百般刁难……（××福利院部门负责人B2）

5.学习教育问题

　　在福利院中上学孩子的比例为10%左右，有七八个孩子。福利院为了接送儿童方便，都就近为孩子介绍上学的地方。一般福利院的儿童义务教育都是在六一小学、二十二中、四中进行学习，若能考上好的高中也会被送去就读。读小学的孩子每天由福利院的班车固定接送，上初中以后，都是自己来回。育智学校的老师，要求福利院接送孩子，但是福利院工作人员人手不足，根本忙不过来。另外，大部分孩子的学习成绩在各个阶段都处于班级垫底的水平，并且越来越差，一方面因为自身的身体或智力条件的限制，另一方面也没钱上补习班。

　　　　没办法。我们抽不出人来接送。还有就是，孩子们的补习我们也忙不过来。大部分学习都是靠自己。（××福利院部门负责人B2）

6.大龄儿童就业问题

　　大龄儿童分为两种：一种情况是18岁以后具有一定自立能力的孩子，按理说应该步入社会，脱离福利院。但是很多孩子依然选择留在福利院中享受福利，形成了福利依赖。另一种情况是一般对于18岁以上的脑瘫儿童，成人之后就直接送往福利院里的老年部，一辈子都住在这里。对于一些具有正常行为能力的孩子，会有不愿出院的，找不到工作就留在院里工作，享受着正式职工的待遇，也享受福利，还享受各种临时补助，甚至有些已经分配到廉租房的成年人也不愿出院。

比如×××，当时上了报纸的，大了之后就干脆留在了福利院工作。也不怎么上班，找了个对象也还住在我们这里。各种福利政策还都享受，我们也没办法。（福利院工作人员 B1）

7. 看病就医问题

福利院儿童的就诊就医都是由上级指派的定点医院进行服务，不过这些医院距离福利院较远，路程十分不便。大部分医院的护理都十分到位，而且态度很好。但是有某些医院歧视福利院的人员，甚至在福利院人员无钱而且急需就诊时拒绝诊治。

××医院不错，多数医院也都可以……×××医院不行，态度特别差。有一次我们的阿姨带一个摔伤胳膊的孩子去治疗，阿姨带的钱不够，他们就不给治……而这种情况，在别的医院都没问题，公对公的，还能欠你们的钱呀？（××福利院工作人员 B1）

8. 专业护理问题

由于绝大部分是孤残儿童，会存在较大的专业护理的需求。比如福利院中有些孩子有强烈的自闭症，完全沉浸在自己的世界中，甚至极度不愿与外界交流。聋哑孩子在幼年时，十分需要有专门的工作人员对其进行语言能力的开发；对于一些存在自闭症的孩子，也需要锻炼其与外界沟通的能力。

B2（福利院负责人）：还是待遇的问题，当然也有观念的问题……不愿意到这里面来。我们三个阿姨倒班，你看看这些孩子，都不能自理……隔壁的那些是状况较好的，阿姨陪着看看书……我们缺专业护理的，但是没办法，待遇低，劳动强度大。

访问员：对呀，外面的月嫂都一个月五六千了。

B1（××福利院工作人员）：对呀，人家谁到这个地方来呀。有志愿者，但也没那么专业的。我了解的，HB 省大概情况都差不多。

总结概括起来，儿童福利院承担了孤残儿童的收养工作，发挥了其特有的社会功能，成绩是值得肯定的。但同时面临着上述诸多亟待解决的问题，实际上问题主要集中在两个方面：一是经费少，缺乏相对多元化的融资渠道，不能满足目前孤残儿童更高层次的养护和教育需求；二是缺乏专业支持，包括专业人才、专业护理设置和专业康复设备，以及专业的康复服务理念和知识。

（二）特殊学校的残疾儿童：两类学校共同的问题

如前所述，残疾儿童的需求是多层次的，在基本的生存满足基础上，有受教育和就业等高层次的需求。作为承担残疾儿童教育的主要形式，2012 年教育部的数据显示，全国共开办特殊学校 1853 所，专业的视力残疾学校 32 所，听力残疾学校 456 所、智力残疾学校 408 所，其他残疾学校 957 所，共招生 65699 人，相对于全国残疾人总数来说，比例过低。同时专任教师 43697 人，大专以上学历 40759 人，占 93.3%，实际上师生比和教师整体水平是较高的。[1] 从开办形式来看，主要分为地方教育局直属和民办非企业单位两种。调查显示，针对残疾儿童的需求，特殊学校还存在以下问题。

1. 经费问题

主要反映情况就是经费仅仅可以维持学校正常运转，实际上没有办法开展更多的辅助性的服务，比如文体活动、校内简单的康复训练等。而且给残疾儿童的校内补贴太少，尤其是相对于不断提高的物价水平。

学生不交学杂费，对住宿生有补贴，每月 50 块钱，列入农村贫困儿童，享受其补贴。低年级每月 50 元，高年级每月 75 元。吃饭需

---

[1] 数据源自《2012 年全国教育事业发展统计公报》，教育部门户网站 2013 年 8 月 16 日，http://www.moe.edu.cn/srcsite/A03/s180/moe_633/201308/t20130816_155798.html。

要交钱。这点钱是杯水车薪，比如对家庭远的孩子来说，每周来回接送的话，往返一次都是两个人的费用，这相对来说比较高了，这属于学校与家庭之间的距离问题。政府对这方面政策比较粗糙。有的家庭确实困难，应多给予补助，有的家庭情况稍微好点的，可以不给或者少给。以后制定政策必须要有人执行，有时候就没人执行。有些政策应该要分等次制定。(TSFN 特殊学校原负责人 H1)

2. 场地和设施问题

调查过程中发现，部分特殊学校建成较早，场地和设施受限，处于一个尴尬的境地：校方想引入一些先进的教育和服务理念但需要场地和重新购置设施的话投入又会过大。问及原因，校方表示，一方面跟领导重视不重视有关，再就是与以前相比，生源少了，投入也就少了。

> 原来有些时候也还好，D 书记还在的时候，对特殊教育学校高看一眼，有些活动给他请示也会给予补助，但是我那个地方毕竟大小有限，很多活动想开展也开展不了。也没有场地再建设其他一些东西，只能是在这个基础上维持。……
>
> 过去呢，是药物中毒的比较多，现在药物中毒几乎不会造成这种伤害，天生的又特别少，现在是孤独症、智障这块越来越多了，形势发生变化了。像一些特别严重的，我还不愿意收，也不是愿不愿意收，是收了也没办法管。嗯，不好管。
>
> 不重视技术培训，我退休前，去上海培训时，那边使用的都是机器，对学生还是有一个比较科学的鉴定，而且有机器、仪器可以配套使用。但是这边特别差，这些东西都没有。有一个原因可能是买不起，另一个原因可能是根本不知道，可能我们下边知道，但是负责的政府不知道，另外知道也是基于经费、传统等原因认为下面不需要。存在一些上下不协调的问题。教育局也认为这部分投入太高，不给投资。(TSFN 特殊学校原负责人 H1)

3. 教育成本高，妨碍残疾人入学

这里教育成本并不是学费或者杂费，而是主要体现为距离以及需要花费的人力和"面子成本"，即家长由于顾及面子，不愿意接送孩子上学。

> 家长压力也挺大的，因为我们学校旁边是第一实验小学，有的家长不愿意接送孩子，正常孩子越培养越好，这些孩子再培养、上学十几年还是这样，他们压力挺大。(TSFN 特殊学校原负责人 H1)

4. 服务形式单一，缺乏专业服务

特殊教育学校，以教育为主，这无可厚非。但是同样，无论是家长还是学校都希望能够提供相应的康复服务和其他服务，但显然在这方面会受到很大的限制。

> 访问员：家长反映孩子们最困难的是哪部分？
>
> H1：对弱智儿童，技术上，学校康复这块还是不太好，支持较弱。一是不好找人，二是不重视技术培训。

5. 教育和就业脱节问题

在访谈过程中，无论是负责人还是家长，都反映就业是个大问题，接受教育而不能就业，这种教育和就业脱节的状况也限制了生源，降低了学校的社会功能和社会效益。这个问题一方面在于特殊教育往往只是知识教育，缺乏技术和职业培训；另一方面最大的阻力来自于社会的就业隔离与歧视。

> H1 (TSFN 特殊学校原负责人)：政策方面，我们遇到的也不是太多，而且现在政策也没什么大的变动过。国家政策就是适龄儿童都能入学，残疾人乘车免费，其他政策都享受不到，就业真是很难，成问题，没人要。

访问员：现在我了解的是这样的，要求企业必须配备残疾人，但是很多时候企业以各种形式，比如说报有残疾人，但是不开工资。还有我去的某些企业，说自己有残疾人，其实没有，他不招，但他也有这几个岗位，因为残联那边应该有规定，但是他不招也没办法，不能一个个地举报他们。

H1：有时候不用法律强制他们吧，他们也不收。孩子在这待十几年，就业的希望越来越小。我也是跟工厂沟通，他们说免税政策等等都不太好，所以他们也不愿意收了。

访问员：我理解的是这样，现在是从免税变成一种硬性规定了，这块力度不太大了，企业看不上这点利益了。反而企业可能会开始考虑招收一个残疾人负担太重……还有一点，常人对残疾人认知有误解，认为他们和常人有很多区别，干活干不好。

H1：是，我这些孩子们在工厂里干活，脏活累活肯定分给他们。有时候我也去，他们跟我反映。……聋哑孩子们也特别艰难，正常工人干几个小时就走了，这些孩子不行，还给他们加活，也不给加工资。工作上存在歧视。

……

要针对不同程度的残疾，有不同的补助政策。这就属于分类保障的问题。如果大家都在笼统地保障，说起来都受益，但是解决不了具体的问题。有的孩子只要补助就业就可以，聋哑孩子都心灵手巧，能干活，能想办法就业最好。

6. 标签化问题

访谈过程中，负责人提到不愿意接收孩子入学，主要原因不是不作为，也不是怕麻烦，主要考虑到孩子一旦进入特殊学校，就可能影响到未来的就业、找对象，这实际上是一个标签化的问题，可能造成一定程度上的社会排斥与隔离，无论是给孩子还是家庭都带来很大压力。

一般情况好点的，我都给他耐心解释去西边（正常学校）就读去。残疾儿童都是男孩多，女孩少，男孩来了，要是给他贴上特殊教育的标签了，以后找工作、找对象都是问题。我都跟家长这么解释，遇到这样的孩子，家长辛苦点，去那边的学校，如果你实在觉得不行，那就在我们这。确实对他们说也是这样比较好，一说特殊教育学校毕业的，听起来不太好。（TSFN 特殊学校原负责人 H1）

三、针对孤残儿童的福利保障体系框架

目前，对孤残儿童的救助一般从孤残儿童健康成长的基本需要出发，而孤残儿童的问题与需求是多方面的。《儿童权利公约》中定义的需要可以简单地分为四个方面：基本生活需要，替代性养护的需要，发展性需要，教育、医疗和社会参与的需要。根据对孤残儿童提供服务的主体来看，主要包括：国家和政府、社会团体、亲属和家庭网络、非营利组织等。国家和政府提供的救助是通过正式的制度安排，很多非政府组织提供的救助也通过正式的制度安排。而亲属与扩展家庭、街坊邻居和一些慈善个人提供的救助则是非正式的。

从国家正式的制度安排看，虽然目前专门针对孤残儿童群体进行的救助制度还不完善，但是仍然不妨碍其在孤残儿童福利保障体系中所处的主导地位。国家所发挥的主导作用主要体现在两个方面：第一个方面是顶层和地方的制度设计，也即代表国家的政府有责任在孤残儿童福利保障方面推动立法和出台制度政策。国家的考量往往是从全局出发的，带有普遍性和强制性；地方的政策则主要是兼顾各地经济社会发展的不平衡状态，要把政策制度设计植根于本地实际。这就使得孤残儿童的福利保障体系框架有了合法的依据。第二个方面是财政投入，即无论是补缺型福利还是普惠型福利，最基本的资金和基础投入应该是由政府提供的。尽管学界和社会对官办儿童福利机构有所批评，但目前来看，在对于孤残儿童的帮助方面，起到最大作用的仍然是儿童福利机构。儿童福利机构是政府开办的集中收养孤残儿童的场所，是目前我国儿童福利事业的主要载体之一，始终

发挥着骨干和"兜底"作用，是保障特殊困难儿童的最后一道"安全网"。目前，我国的孤残儿童大多数生活在各级政府举办的儿童福利院以及类似的福利机构中，也有一部分被国内外公民收养或在家庭寄养。

从社会组织参与的角度来看，可以分为三类。第一类是社会团体：社会团体在中国大陆所起的作用是"类政府"的，也是政府功能的补充。在孤残儿童福利救助方面，社会团体中参与较多、作用比较大的无疑是全国到地方的"妇联"和"残联"。但这两个团体都只是将"儿童"作为社会救助对象的一部分，甚至是系统救助中的一部分，关于儿童的救助支持设计并不具有独立性。第二类是基金会，指的是专门以儿童为服务对象的非营利性法人。比如有一定独立功能色彩，专门服务于儿童的有中华儿童少年基金会，专门开展的"儿童健康与救助"的各项计划，按项目运作，带有了一定的专业性支持的特点，主要以义诊、手术捐助等方式进行。第三类是民办非企业单位，即"社会服务机构"，这里指的是以儿童为服务对象的专业服务机构，比如儿童心理咨询机构或者儿童社会工作机构，多以专业技术为儿童提供支持。

四、孤残儿童福利保障体系的不足

（一）缺乏系统的制度建设

我国对孤儿的救助，一直以来缺乏专门的、系统而明确的制度设计和政策安排，未能像西方发达国家那样在经济社会发展的过程中，能够及时地发展孤儿救助与保护事业并以法律形式确定下来。我国相关政策大多以意见、通知等法律地位与效力较低的文件形式发布。部分涉及儿童救助和保护的法律、法规过于原则化，缺乏孤儿救助工作所需的规范，操作性不强，对孤儿的救助与保护仅仅是一笔带过，甚至未曾提及。就国家救助孤儿的制度安排而言，《关于加强孤儿救助工作的意见》涉及 15 个管理部门，但对一些部门根本没有明确的要求。最为重要的是缺乏相应的问责机制，这种充满弹性的制度安排很可能陷入"重建设、轻监管"的怪圈，最终难以落实和追究管理责任。

我国对残障者（儿童）提供保护的法律制度有五类：一是专门的《中华人民共和国残疾人保障法》；二是对残障者有特殊规定的国家综合性法律；三是国务院各部门制定的涉及残障者权益保障的规章和规范性文件；四是行政法规；五是地方性法规、规章和规范性文件。在我国已颁布实施的法律、法规中，对很多残障儿童给予了充分的关注。但是，我国目前的残障者福利制度仍是以救助模式为主导的制度，它是一种以家庭及社会关系网络为基础、国家低度介入提供选择性救助的社会福利提供模式。现行的制度环境与残障儿童的需求之间存在矛盾。政策从制定层面开始就具有选择性和不确定性，导致了具体制度的实施受地区发展的限制，也导致在执行层面，由于"僧多粥少"的现实，使残障儿童家庭受信息获取障碍的影响，无法获得应有的制度性支持。

（二）缺乏健全的组织机构保障

我国缺少具体负责孤残儿童福利事务的机构组织。首先，在中央层面，设在全国妇联的国务院妇女儿童工作委员会只是国务院议事协调机构，并不具有具体行政职责。尽管民政部下设直属单位"儿童福利和收养中心"，全国妇联和各地妇联都下设"儿童工作部"，全国残联也会有部分残疾儿童的服务职能，但上述任何一个部门都不具备统领儿童福利保障的职能，对未成年人的福利保障职责仍然分散于各有关职能部门。所以对于孤残儿童的福利与救助而言，缺乏系统的组织保障。

（三）缺乏针对性的专业服务支持

专业服务支持在这里分为三类：一类是专业医疗康复支持，一类是心理与情绪及行为矫正支持，一类是社会服务支持。由补缺型向普惠型过渡的过程中，孤残儿童社会福利不仅要增加财政投入，扩大普惠面，更重要的是要增加专业支持。在医疗康复方面，最大的问题是对那些低收入家庭的专业支持。从调查状况来看，由于政府缺乏更具指导性的政策制度，而地方缺乏落地执行能力，导致主要的专业支持效率不高。在笔者调查的社区内，各类医疗康复设备基本健全的前提下，缺乏专业技术人员的长期的、制度化的支持，导致了大量的资源浪费。同时，应该注意到孤残儿童本身在社会关系和生理层面存在一定的"劣势",而这种"劣势"并不能仅仅通过增加物质支持来弥补,由于孤残处境所引发的心理和社会问题也不能仅仅通过各种福利补贴来解决,需要相应的专业的心理和社会服务支持,来调整和矫正福利对象的不良情绪和行为,补偿和重建缺失和被破坏的社会功能,而这恰恰是目前福利体系的短板。

(四)理念有待进一步深化更新

《中国残疾儿童福利研究》一书中谈道:"转型的难点不在于制度框架的重新设计与完善,而在于理念和思路。现行残疾儿童福利事业的出发点,是基于怜悯而不是平等,强调的是人道而不是公平正义,关注更多的是残疾儿童的基本生存而不是前途与发展,福利制度的理念更多的是关注缺陷补偿而忽视潜能的发展。"① 理念的传统延续和我们国家整体福利制度发展转型的进度是密切相关的,也是和整体综合的社会保障能力紧密结合的。未来的发展,在孤残儿童生存保障的基础上,能力开发应该成为努力的方向。

第二节 重病儿童

一、重病儿童概况

关于儿童重大疾病,除了商业保险产品中的界定之外,官方并没有一个明确的界定,因此关于全国重(大)病儿童,也并没有一个翔实的统计数字。2012 年 9 月,由国家卫生部公布的《中国出生缺陷防治报告(2012)》中指出:"据估计,我国出生缺陷总发生率约为 5.6%,以全国年出生数 1600 万计算,每年新增出生缺陷约 90 万例,其中出生时临床明显可见的出生缺陷约 25 万例。我国出生缺陷发生率与世界中等收入国家的平均水平接近,但由于人口基数大,每年新增出生缺陷病例总数庞大。"②

① 高圆圆:《中国残疾儿童福利研究》,中国劳动社会保障出版社 2014 年版,第 134 页。
② 中华人民共和国卫生部:《中国出生缺陷防治报告(2012)》,第 2 页。

重病儿童的生存困境不仅仅来自于医疗救助方面，还来自于其后期康复方面；同时，重病治疗沉重的经济支出极可能与家庭贫困互为因果。

二、重病儿童生存和发展所面临的问题

（一）生理健康问题

良好的身体素质是人类生存和发展最应具备的基础条件，完备的生理机能是人类抵御疾病侵蚀的自然屏障。对于身体素质和生理机能正处于成长期的儿童来说，疾病特别是一些重大疾病，如先天性心脏病、肾病、脑瘫等，对患儿的生长发育具有严重的抑制作用，使他们身体各器官和组织以及生理机能的发育明显滞后于正常儿童。另外还有一部分神经系统疾病和遗传疾病，如重症肌无力、苯丙酮尿症等，甚至会给患儿的生长发育带来毁灭性的打击，致使许多患病儿童身体发育非常迟缓，甚至出现生长发育停止现象，更突出的则表现为生理机能的退化和消失。对于重病儿童来说，除了衣、食、住、用最基本的生理需求外，所患疾病能否得到有效治疗也是衡量家庭满足他们基本生活需求能力的重要指标。本研究调查涉及的 52 名重病儿童中，经各级医疗机构检查过的有 40 例，占 77%。其中接受过医疗机构治疗的 17 例，占 32.7%；接受过医疗机构诊断的 23 例，占 44.3%。在调查过程中，当家长被问及给孩子诊断后为什么没有治疗的问题时，典型的回答主要分为两种情况：一种是单纯由于医疗技术水平的限制，即孩子所患疾病在现实医疗水平和条件下无法治愈，一些家长认为与其在治疗上白花钱，还不如在生活上多补贴孩子；另一部分则是由于家庭经济困难，筹不到钱给孩子治病。在后续康复问题上，部分重病的致残后果，使很多贫困家庭雪上加霜。在本研究重点调查的廉租房社区内，康复治疗一直处于缺失状态。

康复？之前有一个医院来过，也搞一些活动，但是感觉没用，他们不连续。再说了，人家也是志愿者，又不能长期在这里。（XHY社区居民 Z，家里有一名重病导致肢体残疾儿童。）

也想让他康复，但是没钱呀，我们得出去挣钱，也没人有时间看着他呀。（XHY 社区居民 W，家里有一名重病导致智力障碍儿童。）

（二）受教育问题

《中华人民共和国宪法》明确规定：中华人民共和国公民有受教育的权利和义务（第四十六条）。接受教育、学习知识是人类现阶段获取生存资源的最有效的方式。对于在人生起点上就已经落后于正常人的重病儿童来说，能否分配到公平的教育资源就成为其强化生存能力和增强抗风险能力的重要保证。由于能否接受教育要受到身体条件和年龄条件的限制，所以会造成重病儿童在各种方面受到影响。在上面接受访谈的社区居民个案中，重病直接导致儿童辍学，而后期的康复不利又使得复读成为不可能。

开始上了两年，但是一病下来就断断续续上不了了，后来干脆就不上了。没条件接着上，再说，人都这样了，上学有啥用？反正也是废了。（XHY 社区居民 X，家里有一名 16 岁因患重病导致智力障碍的儿子。）

（三）经济问题

根据 HB 省的调查资料了解到，为了应付家庭日常生活支出、孩子看病吃药的花销以及教育投资，重病儿童家庭面临极大的贫困风险。与城镇家庭相比，农村重病儿童家庭在经济上的问题尤为突出。由于农村家庭获取经济资源的方式较为单一，其面临的风险更大。重病儿童家庭不仅要将有限的经济资源用于孩子较高的医疗费用上，家长还要将更多的时间用于照顾孩子的生活起居，严重削弱了他们进一步获取经济资源的能力。更有甚者，有的农村家庭为了给孩子看病，除了变卖包括房产在内的各种财产外，还不得不四处举债。家庭经济条件的恶化遏制了重病儿童的生存与发展。

关于重病儿童，我们好像没有统计过。但是就接触的来说，都是平常老百姓，一旦遭遇孩子重病，大部分都得倾家荡产保孩子，就算现在医保比以前好了，但是也得不起病。很多因为给孩子治病整个家庭就成了低保户。（BD市民政局工作人员L）

（四）其他问题

对儿童来说，在自身生理机能弱和资源占有能力差的先决条件下，其自身身体作为抵抗疾病风险的第一道防线轻易就会被突破，儿童患病特别是罹患重大疾病的负效应就会向外延伸。在缺乏有机联系的应对机制时，儿童患病所引起的负效应就会扩张，并在患儿自身、患儿家庭以及社会各个层面上诱发多米诺骨牌效应，这不仅仅威胁到贫困重病儿童的生存与成长，更会威胁到患儿家庭以及社会的稳定与发展。

三、重病儿童的福利保障体系

在我国，针对重病儿童的福利保障体系大致可以分为三层：第一层包括三个领域：一是医疗卫生公共事业改革；二是全国的扶贫攻坚计划；三是最低生活保障制度。这一层主要是作用于重病儿童的最外围的社会生态，也可能成为重病儿童及其家庭的"兜底"保障。第二层是医疗保险制度和大病救助制度，以及社会慈善事业的各种救助基金，主要作用于重病儿童自身及其家庭的直接支持，主要形式是资金支持。第三层是社区层面，主要体现为社区社会综合服务，为重病儿童及其家庭提供日常生活的帮扶救助。

（一）政府

无论是公共卫生事业改革还是全国的扶贫攻坚计划，自党的十八大以来，我国本土社会福利事业的普惠型的转变都已经成为大势所趋。从顶层设计来看，医疗卫生事业的改革和精准扶贫的提出都为治理"因病致贫"和"因病返贫"提供了系统的外围支持。从专门领域的制度设计来看，"新农合"、"新农保"以及《关于开展城乡居民大病保险工作的指导意见》等系列政策的出台，直接为重病儿童及其家庭提供了更直接的支持。根据 2010 年卫生部、民政部联合下发的《关于开展提高农村儿童重大疾病医疗保障水平试点工作的意见》，各省（区、市）要选择 2—3 个县（市）开展试点工作，从解决 0—14 周岁（含 14 周岁）儿童所患急性白血病和先天性心脏病两类重大疾病入手，通过新农合和医疗救助等各项保障制度的结合，探索有效的补偿和支付办法。这些政策和制度的设计都表明了政府在逐步深化对这一问题的探索并进行了有益的尝试。

（二）社会团体与社会组织

妇联与残联也会参与到一些重病儿童的救助中来。就 HB 省妇联而言，在资金或者资源充分的前提下，会为重病儿童整合一部分资源，同时也会发动民营企业家协会的会员，进行慈善救助。HB 省妇联从 2004 年开始关注先天性心脏病，到 2014 年年底，在 HB 省妇联的组织关注下，已经完成了 9000 例先天性心脏病手术。而且医院也一直配合继续做这方面的事情。从妇联启动这项活动开始，其他的部门也开始慢慢介入，中国红十字会也都将募集到的钱用来资助重病儿童做先天性心脏病的手术。但是妇联的这种救助是非常规、非制度化的，他们并没有开设相应的救助基金。

许多慈善组织已经开展了大量涉及儿童大病救助的慈善项目。江西、河北、辽宁、江苏、深圳等 16 个省、自治区、直辖市、计划单列市都已经陆续开展了儿童大病救助相关慈善项目。社会慈善组织在重病儿童救助方面发挥了重大的积极作用。如儿童先天性心脏病方面，救助规模最大的爱佑慈善基金会的"爱佑童心孤贫先天性心脏病患儿手术治疗项目"、以中国红十字基金会"嫣然天使基金"为代表的唇腭裂儿童救助、美国微笑列车基金展开的"微笑列车唇腭裂修复慈善项目"、以中国红十字基金会"小天使基金"为代表的白血病救助项目、以中华儿慈会"凤凰计划"为代表的脑瘫救助项目、以中华慈善总会"拜科奇血友病儿童援助"项目为代表的血友病患儿救助等，都是十分宝贵的经验，为重病儿童带来了生机与希望。

2012 年，70 多家慈善组织开展了 130 多个儿童大病救助项目，覆盖了 10 多种儿童重大疾病，对数万名患儿实施了救助。与国家医疗救助仅针对低保户等绝对贫困人群所不同的是，慈善组织除了对绝对贫困家庭实施医疗救治外，还对一些因病致贫的普通家庭实施了包括医疗费用、药品发放、器械捐助、心理辅导等多样化的救助，并在患儿进行治疗时就提供及时的救助，免去了患儿提前垫付资金的负担。慈善组织儿童大病救助工作的灵活性和多样性，使其成为我国儿童大病医疗救助工作中必不可少的一部分。无论是从救助对象的广泛性，还是救助方式与救助内容的多样性、救助程序上的灵活性来看，慈善组织都已是我国儿童大病医疗救助中不可缺少的力量，是国家医疗救助的重要补充。

（三）其他支持

从 HB 省的调查情况看，由于大病儿童身处生活的逆境，社会各界对这一群体的关注度相对较高，对他们的救助也相对较多，相应的救济方式也较为多样。很多家庭曾得到过各级民政部门、妇联、居（村）委会、学校等社会机构的救助。从救济方式看，主要是在资金和物质上的帮助，如按一定比例报销医药费、获得大病救助基金支持、学校减免一定的费用、重大节日给予粮、油等生活资料帮助等。除此之外，社会各界还采取各种措施，为重病儿童生活与成长营造良好氛围。以学校环境为例，绝大多数大病儿童在学校都受到了一定的"优待"，如有些学校针对大病儿童就医、生活和学习困难，在积极组织广大师生开展献爱心活动，为大病儿童捐款、捐物的同时，在同学间也大力倡导开展"手拉手结对互助行动"，鼓励同学间的互助友爱，努力为大病儿童的学校生活营造良好的氛围，从而使他们能以更阳光的心态面临生活困境，提高自身抵御风险的能力。

四、重病儿童福利保障体系的不足

我国城镇居民基本医疗保险制度、新型农村合作医疗等社会医疗保障措施的逐步建立与健全，为城乡重病儿童医疗保健提供了基本的支持和保障。但是，从现有儿童医疗保障体系运转情况看，仍然存在运转效率不高、"缺位"、"失位"等不合理现象。主要原因一方面是受到当前城乡医疗保障广覆盖、低水平特点的制约；另一方面，社会医疗救助工作发展缓慢，力量薄弱，作用发挥不充分。

（一）"看病难"、"看病贵"在贫困重病儿童群体中表现得尤为突出

现阶段"看病难"、"看病贵"是困扰大多数重症患儿及其家庭的一大难题。对于一个普通家庭来说，高额的治疗费用，即使用尽各种方法，也难以凑齐。因此，即便有救治希望的孩子，也常常只能眼睁睁地失去治疗的最佳时机，乃至失去生命。另外，一些较为罕见的病种在治疗过程中所必需的高价特效药，目前尚未列入医疗保险报销范围。

（二）儿童救助保护工作与城乡重病儿童家庭之间信息不对称

不少城乡困境儿童和家庭不能及时、准确地知晓当前开展的儿童救助与保护工作，各部门开展的重病救助活动也未能全面深入地渗透到各地，特别是农村边远地区。

究其原因，一方面是宣传渠道不畅通。目前，各类救助保护工作大多采用电视新闻、报纸报刊等媒介进行宣传，理论上具有覆盖广、时效强的优势。但是一些对农村受众的调查显示，农民获取信息的主要渠道是通过"电视"、"村干部传达"、"与他人闲聊时知道"。而农民对电视节目的收看有很强的选择性，在电视节目选择方面，按喜爱程度排在前三位的是"电视剧、新闻、综艺节目"，最主要是收看"电视剧"，表现出偏重娱乐的取向。只有很少一部分农民购买报纸和书籍，对地方的政策法规的获取更是不得渠道。在本书对 HB 省重病儿童的调查中，发现了这样的问题。比如，目前省内一些部门，如省妇联、省红十字会、省慈善总会等机构，从 2004 年始先后开展了针对贫困先天性心脏病患儿的救助工作。然而，几乎所有被访家长都从来没有听说过这方面的信息。

另一方面是宣传方式缺乏灵活性。各类大病救助保护宣传工作通过电视、报刊等媒体向民众传递有关信息往往遵循专业性、效率性等原则，这意味着在宣传内容和方式上融入了更多理性因素，缺乏一定的灵活性，有可能会引发一些负面效应。尤其在信息获取能力较弱的农村地区，农民文化素质普遍不高，本身对于国家各类政策、措施的理解能力就十分有限，再加上一些救助工作在宣传内容和方式上专业性过强，农民难以理解，很容易对救助工作的具体细节产生误解或曲解，使宣传效果受到影响。

（三）针对贫困重病儿童的社会救助工作发展迟缓

近年来，我国相关政府部门、社会团体等已先后开展了针对贫困重病儿童的社会救助工作，对城乡医疗保障机制构成有益的补充。但是，相对于我国重病儿童整体而言，当前的社会救助体系仍然很薄弱，救助工作还存在诸多问题。一是财政投入相对于需救助人群比例过小，还形不成覆盖效应；二是政府主导的格局下，社会力量参与不足，力度还有待提升，还不能对政府投入形成有效补充；三是在针对重病儿童的摸底调查工作方面进展较慢，直接导致相关政策制度的制定和推进都相对迟缓。

（四）部门之间与部门内部缺乏联动配合

社会团体之间缺乏整合部门联动的权力，而难以充分发挥其功能。同时，在县级以下的垂直下设组织中，存在着被动作为或者不作为的现象。部门内部工作人员责任心不强，对工作认识不到位。部门下发的通知，到了基层，可能会出现消极怠工的情况，有些工作人员为了避免加重个人工作负担，并未向群众传达相关信息。

第三节　流浪儿童

改革开放以来，随着我国社会的转型，各种新、老儿童问题日益严峻，如流浪儿童和困境家庭儿童等困难儿童的相关问题。如何解决流浪儿童的生存和发展问题，进而推进我国儿童福利的整体水平，是构建和谐社会的重要议题之一。

一、流浪儿童福利保障概况

改革开放以后，原有的国家—单位保障福利体制的存在基础逐渐瓦解。特别是城市化和大规模人口流动导致大量农村人口涌入城市，带来了大量的流动儿童。进城寻找工作机会的农民群体，在城市很容易陷入困境，也使得来自农村的儿童构成了我国当前流浪儿童的主体。

从政策层面上看，我国儿童福利已经形成了比较完备的政策体系，内容涉及儿童的抚养、教育、医疗、保护等生活的各个方面，充分体现了儿童生存权、发展权、被保护权和参与权等基本权利。这些政策对推动我国儿童福利事业的发展产生了积极的影响作用。但我国仍处于福利补缺型阶段，有很多漏洞和不足。目前中国儿童福利政策与服务分散在不同部门之中，各种不同类型服务之间缺乏协调和整合，而且根据《中国统计年鉴（2016）》数据显示，中国目前0—14岁人口为2.27亿，单亲家庭儿童、患病儿童、残疾儿童、孤残儿童、流浪儿童、困境家庭儿童及其他各类困境儿童的数量巨大，但纳入国家保护视野的人数有限。政府保障体系中对于流浪儿童的安置有较为明确的规定，但是流浪儿童被安置的后续问题缺乏系统设计支持。

二、流浪儿童生存与发展所面临的问题

郑州市的研究表明，在流浪儿童群体中，15—16周岁之间的正常男孩占比例较大。"其中多数儿童出于外出务工的动机流浪街头，也有相当多比例的贪图玩乐的学龄儿童荒疏学业盲目外出。……其中，监护人缺失（包括监护人死亡、离异、养护和教育方法不当）、家庭破裂是最重要的共同特征"[①]。

（一）身心健康问题

流浪的生活状态导致儿童在身心发育成长过程中面临更多食物、营养、医疗和照料缺失的问题，同时也由于缺乏正常的家庭和学校等社会组织环境的系统支持，很容易造成身体健康问题和心理及行为方面的偏差。研究表明，据观察，在流浪儿童救助机构里，有22.1%被调查的孩

---

① 尚晓援、张雅桦等：《建立有效的中国儿童保护制度》，社会科学文献出版社2011年版，第169页。

子身上有受过伤害的痕迹；有 4.9% 的孩子有残疾；有 7.6% 的孩子反应迟钝。①

（二）家庭教育监管功能缺失和社会化问题

儿童、青少年是个体社会化的关键阶段，家庭关系紧张、监护功能缺失、教育方式不当和家庭遗弃而导致儿童外出流浪的现象比较突出②，而反过来造成的流浪状态又必然导致家庭教育的缺位，从而引发社会化问题。

> 绝大多数流浪儿都是没人管，才出来流浪的，这是一个很大的领域，没有一个强有力的人来关心，没有这种关心，只能重复这种贫困的境地。（HB 省妇联工作人员 A3）

（三）行为失范问题

在流浪状态下的家庭教育和社会化功能缺位可能直接或间接导致流浪儿童面临行为失范乃至走上违法犯罪道路的风险。中国青少年研究中心的调查显示："调查的流浪儿童中，靠偷、骗、抢劫和贩毒、卖淫等违法犯罪行为谋生的达到近三分之一（32.9%）。在街头生活期间，有过各种不良行为的也不在少数。"③ 他们甚至会在生存压力和外界不良环境影响下参与有组织的违法犯罪活动。

> HB 省的状况也是差不多，流浪儿童更有可能被成年人利用，偷东西的居多，或者一群孩子组织起来，打架斗殴，变成不良少年。（HB 省妇联工作人员 A3）

---

① 参见中国青少年研究中心"流浪儿童问题研究"课题组：《我国城市流浪儿童的基本特征分析》，《中国青年研究》2008 年第 6 期。
② 参见鞠青：《给家庭问题一个回答》，《中国人大》2007 年第 1 期。
③ 中国青少年研究中心"流浪儿童问题研究"课题组：《我国城市流浪儿童的基本特征分析》，《中国青年研究》2008 年第 6 期。

（四）社会排斥和隔离的问题

一些从流浪儿童保护机构出来的少年，由于其在机构内的生活经历，在试图重新进入社会时可能会受到社会的歧视和排斥。流浪儿童除了回归家庭的以外，更多的流浪儿童都要经过收容或者少保中心，或者在街头流浪后进入社会，由于自身的"流浪儿童"标签以及缺乏人力资本和社会资本导致社会排斥，只能在非正规劳动力市场就业，从事收入较低的"打零工"或者其他体力劳动，甚至重新走上违法犯罪的道路。

> 一般的孩子大学毕业都不好找工作，何况他们呀……绝大部分打打零工算不错的了，要是被派出所抓过或者进过未保中心的，更不好找工作，怕人问，有的干脆就不找工作了，接着偷东西啥的。(HB省妇联工作人员A3)

（五）重复流浪问题

受教育程度普遍偏低，导致流浪儿童的心理健康水平明显低于普通儿童，他们的智力发展、人生观、是非荣辱观还远未成熟，习惯于无拘无束的生活，喜欢流浪带来的刺激，厌恶学校以及救助站给他们的管束，久而久之，他们养成了喜欢流浪、重复流浪的习性，不相信也不愿意接受别人的帮助。①

> 如果被送到我们这里，那还能有一定约束，但是还会有一些流浪儿童没有得到救助，我们没有能力全覆盖这些孩子们，而且确实会有孩子受不了管束，重新跑出去。(SJZ救助站工作人员J2)

---

① 参见何俊华、陈新景、曹朝阳：《流浪儿童的心理特点及教育对策研究》，《中国特殊教育》2003年第3期。

三、流浪儿童的福利保障体系

（一）政府

新中国成立以来，我国颁布了许多儿童福利政策，其中也有专门针对流浪儿童的《流浪乞讨人员救助管理办法》、《关于加强流浪未成年人工作的意见》等。从我国儿童福利政策执行的行政体制看，目前尚没有在中央和地方政府层面建立专职负责规划和指导儿童工作的职能部门，但从全国人大，到政府机关，再到社会团体，设置了一系列面向儿童的工作机构和组织，这些机构和组织的工作职能互相联系配合，形成一个整体。如全国人大内务司法委员会设有妇女儿童室，专门负责有关妇女和儿童的立法工作，在最高权力机构中保证了儿童的一席之地。在政府层面，国务院设有妇女儿童工作委员会，由相关部委、群众团体负责人担任妇女儿童工作委员会的委员，定期研究有关儿童的工作。国务院下属各部委也设有相应的儿童工作部门，如民政部社会福利与社会事务司负责制定孤、残、流浪等处境困难儿童的社会福利救助方针、政策、规章并指导实施。教育部基础教育司负责儿童的学前与义务教育工作。司法部负责预防未成年人的犯罪及未成年人犯罪的处理、教育工作。卫生部妇幼保健与社区卫生司负责婴幼儿的计划免疫和卫生保健工作。以上职能部门的参与保证了政府对儿童工作各方面的领导。

（二）社会团体

在社会团体方面，共青团中央设有学校部、少年部和维护青少年权益部，专门负责全国少年儿童的教育培养以及校内外面向儿童的保护工作。妇联组织设有儿童部，负责以家庭教育为中心的对儿童的养育，担负教育和保护少年儿童的职责。全国及各省市设有未成年人保护委员会，依法保护未成年人的合法权益，为儿童提供法律的、社会的帮助。各级政府及团体兴办儿童福利院和流浪儿童救助保护中心，为社会上的流浪儿童提供救助。社会团体是我国儿童福利政策推行过程中的重要参与力量，它能有效弥补政府部门在人力、财力、物力以及工作效率方面的不足，充分调动社会力量参与到儿童福利事业的建设中来。HB 省妇联也致力于"安全岛"体系的建设，在社区设立儿童社工组织。

　　　我们曾经做过一个五年的项目，就是"安全岛"体系的建设，应该真的是在一个体系里去做。我们在 XH 区 TY 小区设立了一个专门的儿童社工组织，HB 省应该是全国第一个。(HB 省妇联部门负责人 A1)

（三）社会组织

　　救助流浪儿童的社会组织大致有三类：宗教组织、慈善组织和基金会，还有很多以个人名义资助流浪儿童的社会慈善力量。值得注意的是，社会组织可以聚集起来的力量不容小觑，是一股完全可以由政府加以引导、正确利用、保障流浪儿童福利的力量。但是现在的政策状况对民间组织很不利，不利于他们的发展和壮大，不利于吸取爱心人士的力量来帮助流浪儿童。

　　　民间的，很多年都是处于非法状态①存在，政府也要取缔。但是这些孩子确实有一部分是孤儿，还有一部分是比如他父亲是瘫痪在床，他母亲死了或者跑了，没人管，这些孩子都过着特别悲惨的生活。您可以上 HD 家园的网站看，他们还有一个杂志，叫《妙莲华》，可以下来看看。如果没有他们的救助的话，这些孩子真的会非常悲惨，有些可能就一直在孤儿院待着了，他那里的这样的孩子有些已经工作了。(HB 省妇联部门负责人 A1)

四、流浪儿童福利保障体系的不足
（一）保障体系不健全

　　国内对于流浪儿童的保障体系中，主要是以政府为主，以福利院等

——————————

① 实际指未在民政部门登记注册。——笔者注

参与者为主，容易造成流浪儿童及其家庭对政府的"强依赖"，这种依赖会给政府带来很大压力和很多问题，对流浪儿童的福利保障难以起到促进和提高的效果。因此，多元化的模式势在必行。多方联动，才能确保流浪儿童的权益和正常成长。以 HB 省为例，各地市对流浪儿童的保障水平参差不齐，部分地市还停留在保障最基本需求的阶段，SJZ 市和 QHD 市建立了具有自己特色的流浪儿童救助模式，值得借鉴。SJZ 未成年人保护中心经过几年的探索，建立了"建家、进校、就业、走向社会"的工作思路，取得了显著成效，得到了社会各界的一致好评。秦皇岛通过多重途径来救助流浪儿童：途径一是建立全天候开放式的"流浪儿童之家"；途径二是做好早期预防、早期干预工作，从源头上控制儿童外出流浪；途径三是营造保护儿童的社会氛围，扩大社会参与网。以上两个地市的做法值得推广和学习。

中央和地方政府没有流浪儿童福利保障专设部门，没有国家层面上统一管理的权威性机构，也没有设立流浪儿童专项财政资金拨款，相关政策不够具体，不利于开展工作。同时，有些政策或者资金到了基层以后，由于种种原因，很难按照正常程序来执行，落实不是十分到位。

> 对于流浪儿童，比如说找不到父母的，遣送不了的，然后福利院又不要的，妇联没这么大的本事，也没这么大的职能，这个一般由民政局负责，因为它有这一部分的职能。比如遣送，第一，妇联没有这方面的职能，到底给人遣送到位不到位无法保证；第二，遣送的这个儿童是否就是所谓的流浪儿童，我们没有这方面的工作职能，我们的职责权限不在这。所以这个不属于我们的职责范围。(HB 省妇联部门工作人员 A2)

（二）专业技术人才急缺

HB 省有一些儿童福利院曾聘用过专业的社工人员，刚开始的时候工作热情度高，但是坚持不了多长时间，就纷纷离开了。专业人才稀缺，专业人才留不住，其中原因有很多，比如薪资水平较低，不能满足正常生活需求，或经过实际操作，对这份工作的热情度降低等。我们应当建立一套完整机制，提高相关技术人员待遇，确保有意向、有爱心的年轻人可以学习到专业技能，在学习期间，就联系好未来服务的福利院等机构，毕业后直接进入角色，开始工作。只有拥有并留住这些专业的高素质人才，才能确保福利保障体系正常运行。

> 就妇联来讲，它本身是公务机构，有自己的工作，国家没有授权人、财、物，对应到社区就那么一个人，做不到这么细致。很多人是有这种民间领袖的才干的，去组织 QQ 群，去募捐，可是我们的妇联组织是派人去，不一定具备相关的素质，这些都是问题。……很多我们的工作，政府的工作是停留在总结上的——我们做了多少工作，给多少孩子找了多少爱心妈妈，那建立后怎么管理的呢？是否考虑到他的心理需求？有些孩子有姑姑、奶奶，不一定需要别人来当爱心妈妈。之前 HB 省要弄一个司法社工，但最后不了了之。(HB 省妇联部门负责人 A1)

（三）多方力量亟待有机整合

政府部门、社会团体、民间组织都在为流浪儿童的健康成长尽自己的一份力量，如果能把这三方的力量整合在一起，那么 1+1+1 必定会大于 3。现在的情况是政府颁布政策，对于社会资源的利用并不充分，造成了一种事实上的"被动作为"和"服务缺位"。社会团体介于两者之间，有时候碍于身份、碍于职能，很多事情实际运作起来很不方便。很多民间组织虽然是在做善事，发善心，但却是非法存在的，以后可能也会被政府取缔，他们需要一个合法化的身份来保障已收容儿童的福利。所以个人、企业、社团、慈善机构、宗教机构的合法化和扩大化问题一旦得到合理的解决，他们就可以更好地参与到福利保障工作当中来，增强与政府之间的互动和联系，真正形成合力，更好地为流浪儿童服务。

第四节 困境家庭儿童

一、困境家庭儿童福利保障概况

根据民政部定义，困境家庭儿童分为四类：父母重病或残疾家庭的儿童、父母长期服刑在押或强制戒毒的儿童、父母一方死亡另一方因其他情况无法履行抚养义务和监护职责的儿童、贫困家庭的儿童。

（一）父母重病或残疾家庭儿童

相对于残疾儿童可能拥有身体健康的双亲或单亲呵护相比，生活在残疾人家庭中的儿童，可能情况更不稳定，甚至有时生存下去也是一个极大的挑战。身处父母重病或残疾家庭的儿童，在其家庭整体贫困时，可以得到国家的救助及相关的一些临时救助。对这些儿童，在接受教育阶段，可以得到一些残联的优惠政策和经济支持，但实际上解决不了根本问题。民政部门过去对这些困境家庭儿童的帮扶，主要是从家庭整体经济收入角度考虑，并没有为在这样的困境中的儿童制订一个完整的保护计划。

如何在困境儿童福利理念推进的过程中，将对困境家庭儿童的保障和服务在不同部门组织间进行合理的分配，是一个很重要的问题。

> 访问员：重病的，我们关注可能更多一点，父母服刑一般归公安和司法部门管。但是对于流浪的和父母一方死亡的或者其他情况，这方面我们有可能关注吗？
>
> A1（省妇联部门负责人）：……父母重度残疾或重病，我们那个贫困比他们那个范围广呢，要广得多，它里面最后还有贫困儿童的。

（二）父母长期服刑在押或强制戒毒的儿童

父母长期服刑在押或强制戒毒的儿童的生存现状令人担忧。据统计：45.9%的监狱服刑人员表示，孩子目前的生活状况没有保障。原居住地在农村的监狱服刑人员中，有52.8%认为其未成年子女的生活状况没有保障；25% 的监狱服刑人员表示，对孩子目前的生活状况是否有保障不清楚。[①] 江宁饿死女童案中，孩子的父亲就尚在服刑，这就涉及服刑人员子女的监护和救助问题。有关业内人士介绍，尽管目前尚无针对父母入狱的子女的统一救助机构，但不少地方公设或个人的机构已经在做尝试。SJZ市少年儿童保护教育中心就是一家主要收留服刑人员子女的机构。2002年3月由 SJZ 市委、SJZ 市人民政府建立的一个专门救助流浪儿童的社会机构，从 2006 年开始逐步转型为以救助监护人无法履行职责的服刑在教人员未成年子女为主，该少保中心由 SJZ 市司法局主办。

父母长期服刑在押或强制戒毒的儿童是困境家庭儿童中比较特殊的一类。父母犯罪入狱，不仅在生活上使他们失去了保障，同时对他们心理也是一个巨大的打击，严重影响其心理的健康发展。长期处在发展不利的环境中，对儿童的心理产生持续而广泛的负面影响。按照民法相关规定，可以剥夺吸毒父母的监护权，但要经过一定的程序。民法通则规定，可以由孩子的其他亲属、父母所在单位、孩子所在的村委会、居委会，向法院申请撤销原父母的监护权，将监护人变更为这些个人或组织。但无论是其他亲属还是居委会等，都没有法律规定他们必须承担起监护义务，而我国目前尚无公设监护人。成长在这样环境下的儿童，有时候心理上也难免会被影响，做出一些跟年龄不符的事情，产生难以挽回的损失。父母长期服刑在押或强制戒毒的儿童是一个极少受到关注的特殊群体。

> 访谈员：对于你们建立的守护童年红心警务站，我有这么一个问题，咱们儿童里面涉及一个比如父母吸毒或者服刑的，那么这样家庭的儿童怎么办？

> C1（CZ 市妇联工作人员）：我们负责给安置帮教，做家庭工作，做行为矫正和安置帮教工作。这事我们一直在做，也有一部分的经

---

① 司法部预防犯罪研究所课题组：《监狱服刑人员未成年子女基本情况调查报告》，《中国青年报》2007 年 7 月 4 日。

验了。我们也正在跟司法局、关工委、监狱、看守所一起合作。看守所这一块我几经做了两年了，监狱这块都是重刑犯，有些东西不太好说，现在我们也正在接洽。

访谈员：对于重刑犯们的孩子，在没人监管的情况下，或者政府指定监护人监护不到位的情况下，妇联是做了一些工作的，但这不是你们妇联的一贯的常规的职能对不对？

C1：不对。政府职能等于是在司法局安置帮教科，但现在是属于动员全社会的力量、群众的力量。社会组织等于是帮助做好安置帮教工作。我们妇联属于外围组织，原来这个组织是不包括我们的，现在在我们妇联的努力之下，我们进入了这个组织，等于是我们自己挤进去的，而且人家接受了我们，我们在这一块也有可作为的余地。我们和司法局联合出台了公文，就是做好安赈帮教工作，我们这方面的事迹已经出文了，然后利用海兴"五老帮教团"①的经验，借用我们妇联的力量，分工合作。我们妇联的职责主要包括，为在押的未成年的犯人和家庭提供帮扶教育，也包括未成年人的预后，就是出来之后的培训、就业这方面，我们有这方面的职能，我们也正在做这个事儿。但是你要说具体的事例，我们现在还没有数据，要是只是拿一两个事例过来又不值得说。

父母长期服刑在押或强制戒毒的儿童受教育权利得不到有效保障。有效数据显示：全国中小学生的平均辍学率为 1.28%，监狱服刑人员未成年子女的平均辍学率为 13.1%，父（母）入狱后未成年子女的辍学率大幅攀升②。父母长期服刑在押或强制戒毒的儿童犯罪率偏高。同时，需要注

① 海兴县由 30 余名"老干部、老教师、老军人、老党员、老模范"组成的志愿者团体。24 年义务帮教全县的服刑人员近 4000 人次，对服刑人员家访 700 余户次，走访基层干部 300 余人次，行程一万多公里，社会效果良好。

② 参见陆阳、杜桂娥：《服刑人员未成年子女的教育现状及对策研究》，《学理论》2009年第 8 期。

意的是，由于得不到父母及家庭的有效监护，父母长期服刑在押或强制戒毒的儿童在社会化方面也会出现问题。很多父母服刑家庭的儿童自身存在着抑郁、敌视、人格缺陷等问题，又受到社会的歧视，失去家庭管教与亲情的支持，所以一旦受到了不法分子的胁迫和利诱，很容易走上犯罪的道路。由于家庭背景的原因，给一部分儿童带来一些恶劣影响。HB省的公安、司法机关和妇联团体也都在努力地去维护儿童的健康成长，最大限度地来缓解这些家庭所带来的社会问题。

　　访谈员：你们对儿童的矫正主要是谁来做？是整合的社会资源还是自己的内部人员？

　　C1（CZ市妇联工作人员）：我们有心理咨询师团队和法律志愿者团队，主要是靠自己整合的社会资源，而不是看守所整合的。我们成立了一个团队，叫心理法律志愿服务团队，它包括心理咨询、心理矫正、法律咨询、法律帮助和法律援助。我们在工作上跟法院建立了多年的关系，如果妇女儿童有这方面的需要，例如上诉，如果他没有监护人，或者监护人监护不到位，那么就会由我们出面作为他的监护人，站在他的立场上尽量地去维护他的权益，争取他的利益的最大化。

　　访谈员：在咱们妇联做这个之前，司法机关和公安机关，实际上是不是做不到这么细致？

　　C1：他们也在做，但是他们做不到这么细，而且也顾不到这么多面。他们需要我们参与这个事儿，第一是因为他们的力量也是有限的；第二是他们在某些方面，受职能、工作身份等所限，有些事他们不方便出面，或者说他们出面的效果不如我们出面的效果好，我们是一个辅助的平台。妇联的形象要比公安机关和司法机关更亲民，更有人情味，人们相对更容易接受一些。我们把硬性的东西让它软着陆，不仅符合人们的期待价值，更有利于社会和谐。

（三）父母一方死亡另一方因其他情况无法履行抚养义务和监护职责的儿童

2013 年起施行的《中华人民共和国未成年人保护法》中规定政府及其民政部门应当设立救助场所，对流浪乞讨等生活无着未成年人实施救助，承担临时监护责任。根据该法，对孤儿、无法查明监护人、其他生活无着的未成年人，由民政部门设立的儿童福利机构收留抚养。但资深法律人士称，实践中一般只接受流浪孤儿，"生活无着"（有学者干脆运用"失依儿童"来概括和指称这类儿童）这个要素没有得到足够关注。

在中国的现行法律下，父母不能履行抚养义务的，一般由其亲属代为监护人履行职责。但是没有监督和制约机制来迫使他们履行这项义务。在现实中，有些监护人的监护责任并没有得到很好的实施和监管，使得这些儿童的生活仍然处于困难中。

A1（HB 省妇联部门负责人）：父母一方死亡并且另一方无法履行抚养义务，就是说的事实孤儿或者叫亚孤儿，这个是我们关注的。我们以前还做过孤儿救助这样的工作……因为有的地方把这样的孩子也放到民政那个孤儿补贴里面去了，但是很少。它主要还是依靠社会救助，平时帮助的时候就会把他视同孤儿。

访谈员：在亚孤儿这块，或者我们说的父母一方死亡，另一方因为其他情况无法尽抚养义务，这种实际上也是最容易被忽略的，他会被纳入孤儿社会救助的政策里面来吗？

A1：在对这样的孩子认定的时候会有一些困难，现在民政的孤儿保障应该是没有把它列到里面去的，但是这样的孩子确实是事实性的孤儿。在中国的现行法律下，父母不能履行抚养义务的，一般由其亲属代为监护人履行职责。但是没有监督和制约机制来迫使他们履行这项义务。……例如 HD 有个孩子，母亲是被拐卖的越南人，然后被解救走了，父亲常年在外打工，多年不回家，他的爷爷奶奶也都去世了，孩子一个人独自生活。但是孩子学习很好，自己把家里收拾得也很干净。由于父亲常年不在家，便把房子出租给了外人，孩子跟叔叔婶婶住在一起。由于孩子各方面比较优秀，受社会各方面关注较多，所得的捐款均被其叔叔婶婶占为己有，村里人看不下去也管不了。他的叔叔可能没有完全尽到监护职责，但也没有人追究他。

访谈员：这在国外处理得就比较简单，它有一个评估，评估只要说认定其没有尽到监护责任，就会取消其监护权，孩子就进入福利系统了，但是在国外处理不好的一个问题就是进入福利系统之后，他的生活待遇也不见得有很大的改善。

A1：这也是个问题，对于这样的孩子确实还是没有人管，但是我认为如果要是把这样的孩子也视同孤儿，每个月给他发一些补贴，可能有很多不负责的监护人就是冲着这点补贴也起码会把孩子管得好一些，还会负一点责任。

二、困境家庭儿童及其家庭所面临的问题

（一）贫困问题

家庭贫困是许多困境家庭儿童共同面临的问题。许多困境家庭儿童的生活、居住环境卫生条件相对较差，监护人也缺乏基本的卫生保健知识和社会认知，无法为孩子的生长发育和教育提供良好的环境。同时，由于家庭生活压力所迫，家长在孩子升学问题上持无所谓甚至是反对的态度，直接影响孩子的健康发展，这就造成了这些儿童不同于其他正常家庭儿童的很大的反差。

（二）身心健康及其社会化

家庭结构不全、家庭环境不稳定对困境家庭儿童成长造成影响，这种影响体现为身心健康及其社会化方面的需求得不到有效满足。多数困境家庭儿童基本是单亲、祖辈或亲属监护，不健全的家庭很难对孩子进行科学的家庭教育，直接导致了这类儿童由于缺乏社会重视、家庭关爱、家长监管和专业心理辅导，普遍存在学习成绩不佳、性格发育不健康、生活习

惯差等问题。特别是有些困境家庭儿童，其家长是精神残疾患者或肢体残疾的病人，导致家庭气氛紧张，对他们的身心健康造成一定影响，而对儿童心理方面的疏导和治疗目前还未能普及，且帮扶的途径使家长们较难接受，这些都会对孩子成长产生不利影响。

（三）安全隐患

在困境家庭儿童的抚养监护上，父母一方或双方基本处于缺位状态，同辈代养和隔代抚养占很大比例，这给孩子的健康成长造成很大的消极影响。有的家庭监护人因为年老，没有太多的精力照顾孩子，有的家庭因为父母沉迷于赌博、吸毒或其他原因，无法履行照顾孩子的义务，使得孩子三餐不继、衣食不周，还更容易发生各种意外事故。

（四）社会化问题

身处于困境家庭中的儿童，正值塑造人生观、价值观、世界观的社会化阶段，由于家庭的遭遇使他们不同于其他的儿童，从而对其心理、生活以及学习造成了很大的影响。在学习上，他们渴望能够拥有一个良好的学习环境；在生活上，他们需要一个健康向上的家庭来做后盾；在社会交往方面，他们更需要通过正常的社会指导来引导其走向正轨。

三、困境家庭儿童的福利保障

长期以来，政府营造的儿童福利体系中没有真正将家庭作为支持对象，因而困境家庭儿童的福利保障并没有得到足够的重视，也谈不上有系统的体系建设。2013 年 6 月 27 日，民政部在江苏省昆山市、浙江省海宁市、河南省洛宁县、广东省深圳市开展适度普惠型儿童福利制度建设试点，将困境儿童纳入保障范围。民政部相关负责人在第二届中国慈展会的新闻发布会上介绍，以后将探索建立普惠型的儿童福利制度，参照孤儿，为身患重残，或有父母但家庭监护缺失的困境儿童，发放基本生活费，建立基本生活保障。2013 年 7 月 11 日召开的全国适度普惠型儿童福利制度建设试点工作推进会上，民政部要求各地在对儿童尤其是孤儿、困境儿童、困境家庭儿童进行分类的基础上，为这些儿童发放基本生活补贴，对于残疾儿童和重病儿童，在补贴基本生活费的基础上还要发放医疗康复补贴。这就意味着，困境儿童的福利保障中开始有了分类支持的理念。

四、困境家庭儿童福利保障体系的不足

实际上，如前所述，我国已经出台了《中华人民共和国未成年人保护法》、《中华人民共和国收养法》等法律，以及其他涉及儿童福利的多部门规章和政策文件。但民政部社会福利和慈善事业促进司副司长徐建中曾表示，当前我国法律法规对困境儿童的保障缺乏系统安排，且多为原则性规定，缺乏程序性规定，可操作性、可执行性都不强。① 儿童是祖国的未来，儿童时期是人的一生中很重要的时期，而家庭对于儿童的成长很重要。处于困难家庭中的儿童，得不到应有的亲情和父母的正常关爱，还要承受来自家庭的痛苦，对于这些儿童的保障做起来更难，现有政策也只能是从经济上或者生活上给予儿童帮助，而不能给他们一个真正的家庭、一个关爱他们的父母和正常的生活环境。目前福利保障体系中存在以下不足。

（一）困境家庭儿童福利保障政策碎片化

困境家庭儿童作为困境儿童的一种，没有得到充分的重视。关于困境家庭儿童的福利政策研究也非常零散。我国现有的儿童福利服务也主要围绕孤残儿童展开，而给予困境家庭儿童的福利服务较少。相应地，关于此方面的研究也较少，仅有的少数研究也只是从属于特殊困难儿童的支持性服务范畴，并没有很明确地指明是关于困境家庭儿童福利服务的研究。

（二）政策设计思路仍然是"补救"大于"预防"

现有福利保障体系中没有针对危机家庭的早期预防、干预或补救政策，一旦出现问题后，这些儿童就陷入了被动的困境中。这就需要做到"防患于未然"，应当从源头上控制困境家庭儿童的产生，对有可能成为困境家庭的家庭予以照顾、予以补助。在预防工作中，社会工作者由于其拥

---

① 参见吴燕等：《困境儿童，仅给津贴还不够》，《人民日报》2013 年 8 月 29 日。

有专业理念和技术方法，被寄予了期望。

> 如果（我们）有那么一个社工，就会对社区里所有的高危儿童有一个监测，他会及时去发现，哪些父母离婚了，可能会遗弃孩子，哪些家庭的孩子是孤儿，哪些是留守的，哪些是流动的……他对这些孩子可以管理，那么一旦出现问题，比如孩子被扔这了，他就可以将其安置到社区幼儿园，他是一个志愿者。……（HB省妇联部门负责人A1）

（三）对困境儿童家庭的功能修复与重建缺失

困境家庭儿童不同于其他困境儿童，其中一个最重要的区别就是家庭，是由于家庭结构的分崩离析、家庭中父母的身体原因或者经济原因而造成了这种困境儿童的产生。所以对于困境家庭的帮扶、修复、重建就更为必要。儿童不仅是国家未来的栋梁，同时也是家庭密不可分的一分子，困境家庭中的儿童之所以生活悲惨，是因为生活在非正常结构的家庭中，目前的福利保障体系应当确保给儿童们提供一个良好的家庭支撑。

（四）缺乏针对性的组织领导和专项资金支持

在现有的儿童保障体系中，相关的规定大都是一些原则性规定，能够真正运用到实际中并起到良好作用的规定少之又少。困境家庭儿童在困境儿童中属于特殊的一类，因为特殊的家庭环境，造就了他们特殊的成长环境。保障体系中无执行性和系统性的规定，落实不到实际情况中去，无法为儿童营造一个良好的生长环境，对困境家庭及其儿童的帮扶作用不大。此外，对于一个困境家庭来说，维持基本的生活保障实际上并不能解决其家庭关系问题、家庭成员身心健康问题、家庭功能恢复问题和家庭脱贫问题，往往导致福利支持的低水平运行，不能从根本上使那些具备发展潜能的家庭走出不利处境，不能真正实现福利的发展导向。香港对于困境家庭儿童的具体举措很有成效，值得学习。

　　香港有专门的儿童福利署，对于困境家庭儿童就有一些相应的措施来应对。如果父母离婚，离婚期间不能照顾孩子，会把孩子放到一个专门收留孩子的组织，组织分性别、分年龄进行照顾。(HB省妇联部门负责人 A1)

第五节　贫困家庭儿童

一、全国贫困家庭儿童概况

　　儿童贫困问题是一个世界性问题。然而与国际上的研究相比，中国到目前为止通常只计算全部人口的贫困数字，还没有权威的针对贫困儿童的统计数据。如果以儿童占总人口比例结合贫困率来推算，我国贫困儿童数量大致应该在 1059 万到 5300 万之间，农村比例高于城市。2015 年在北京召开的第四届反贫困与儿童发展国际研讨会上，一份题为《中国的儿童贫困：现状与对策》的报告得出数据："到 2013 年，仍有 16.7% 的中国儿童处于相对贫困线以下，人数大约 4008 万人。其中，处于绝对收入贫困状态的中国儿童还有 1080 万人"[1]，跟上述推测基本一致。抛开与孤残和重病等其他类型交叉的部分，我国贫困家庭儿童所面临的普遍问题主要集中在营养和健康问题、受教育机会和发展能力问题，但家庭贫困是一种综合影响，这种影响会通过儿童生存环境的资源和机会的匮乏进而影响到其社会生态。

二、贫困儿童不利处境及其引发的社会问题

（一）营养和健康问题

　　中国发展研究基金会秘书长卢迈认为："我国的儿童营养不良问题在 20 世纪 90 年代以后得到了缓解，但儿童营养状况仍然存在着明显的城乡

---

[1]　盛梦露：《中国贫童仍有 4000 万人　占儿童总数 16.7%》，财新网 2015 年 10 月 26 日，http：//china.caixin.com/2015-10-26/100866668.html。

差异和地区差异。……中国发展研究基金会 2007 年对广西贫困地区的小学生身体测试表明，各年龄组儿童的平均身高和体重比全国平均水平普遍相差 2—3 个年龄段。"① 同时需要关注的是，家庭贫困处境不仅仅带来营养获得问题，还会影响维护其身心健康的医疗保健资源。尽管我们基本上已经解决了温饱问题，但贫困差距仍然会导致低收入和贫困线以下家庭在儿童身心健康方面，尤其是疾病防治与康复保健资源投入方面存在较大差异。这一问题和我们之前讨论的孤残儿童以及重病儿童的处境相互交叉，形成了一个不易破解的难题。

（二）受教育机会和发展能力问题

家庭贫困限制了对儿童教育费用的承担能力，这种教育差异在普遍推行义务教育的学校教育中差异不会太明显，但是在婴幼儿早教和兴趣特长培训方面会有贫富差异，而这种早期投入的差异也会在后续的教育中得以体现。孙莹等人 2003 年对全国十个城市贫困家庭状况的抽样调查表明，当前我国城市贫困家庭子女的教育水平较大地低于城市普通家庭的子女。从就读学校教育质量、贫困儿童的教育期望等方面来看，贫困家庭子女都要低于全国平均水平，这也减少了他们继续升学、接受进一步教育的机会。首先，贫困儿童就读的学校质量远低于普通家庭子女。其次，贫困儿童对未来接受教育的期望普遍低于普通家庭子弟。除此之外，贫困家庭生活条件恶劣也对子女教育产生影响，贫困家庭子女通常缺乏良好的学习场所及充足的学习用品。由于父母要把大部分精力用于维持生存上，不能很好地照顾子女的基础教育，因此缺乏良好的家庭教育环境。同时，贫困家庭对孩子文化教育的额外投入很少。较少有机会参加补习班、特长班、兴趣班及假期的夏（冬）令营活动。② 即便是在城市，这些因素都直接影响到了贫困儿童的教育发展机会，产生了一种类似相对剥夺的效应。

---

① 卢迈：《儿童早期发展与反贫困》，载王梦奎主编：《反贫困与中国儿童发展》，中国发展出版社 2013 年版，第 23 页。

② 参见孙莹：《贫困的传递和遏制》，社会科学文献出版社 2005 年版，第 83 页。

我们这个小区里的孩子，上学是都解决了，义务教育也没什么其他太多的费用。但是，我们也没办法跟别人比呀，人家小孩儿从很小就开始学这个学那个，音乐、美术、舞蹈什么的，我们拿什么学？一堂课就上百块钱呀！（XHY 社区居民 L1）

（三）贫困产生的其他负面影响

这种影响可以透过儿童成长和社会化的各阶段的阶层差异进而综合影响到其成年后的生存竞争，也会经由阶层社会心理和社会印象产生精神和心理影响。如菲仕金所言："在受到这些不利条件影响的家庭中长大的孩子，可能会被剥夺掉平等的生活机会，因为他们的环境极大地抑制了他们的能力或抱负的发展。"[①] 贫困产生一种阶层传递的效应，极大地阻碍了整个社会的公平和正义，也可能在社区层面形成一定的"社会区隔"效应，在空间上形成一种类似于"贫困区位化"的结果，造成城市的贫民窟化，给城市治理带来难题和风险。在乡村，贫困儿童在生存和发展中处于劣势，从而也会形成"代际传递"，对城乡差距产生一种"固着"效应，也不利于城乡一体化进程的推进。目前来看，相当多的研究在关注农村，尤其是西部农村。在笔者看来，城市贫困儿童的问题在贫富差距拉大的背景下，也产生了一些新的变化。正如居委会干部 L 在访谈中谈到的：

这一个社区[②] 的居民，他们最大的希望不是自己能怎么样，而是孩子将来能够和他们不一样。所以他们刚集体搬进来第一个要解决的就是孩子的就近入学的问题。他们隔壁就是市里最好的小学，能给他们解决孩子入学的问题，我还是挺自豪的，他们也特别满意。（XHY 社区居委会干部 L）

---

① Fishkin, *J. Justice*, *Equal Opportunity and Family*, New Haven, conn: Yale University Press, 1983, p.17.

② 该小区是廉租房小区，住户来自该市各区。——笔者注

贫困产生的负面影响将打破阶层传递的希望寄托在了儿童身上，教育几乎成为改变整个家庭的唯一通道，但联系到资源和机会因阶层不同而产生的差异性，在城市精准扶贫之中，更应该考虑加大对贫困儿童的教育支持。

三、贫困家庭儿童的福利保障体系

与国家其他儿童福利保障制度建设一样，对贫困儿童的支持是包含在一般性的福利支持和反贫困战略中的。在这些政策中，城乡低保政策来"兜底"，同时卫计委、残联、妇联等部门的救助工作也会将部分贫困儿童涵盖在内，类似中国儿童少年基金会的社会基金也会为他们提供项目支持。值得一提的是，在社会工作作为专业力量介入精准扶贫的过程中，儿童也是重要的服务对象。

（一）国家与政府

1. 农村社会救助政策

（1）五保救助。早在 1956 年，我国就形成了农村五保供养制度。2006 年 3 月 1 日，国务院颁布实施新的《农村五保供养工作条例》，规定对未满 16 周岁的农村五保对象的生活、教育、居住、医疗等方面实施补贴，保证不低于当地村民平均生活水平。

（2）农村特困救助。农村特困救助制度突出对"不救不得活"的重点对象进行生活救助。近年来，该制度则逐渐被农村最低生活保障制度覆盖。

（3）农村低保制度。近年来，我国农村低保制度在全国各地逐步推开。据民政部统计，截至 2015 年年底，全国有农村低保对象 2846.2 万户、4903.6 万人。全年各级财政共支出农村低保资金 931.5 亿元。2015 年全国农村低保平均标准为 3177.6 元 / 人·年，比上年增长 14.4%；全国农村低保年人均补助水平 1766.5 元，比上年增长 13.8%。①

---

① 数据源自《2015 年社会服务发展统计公报》，民政部官网 2016 年 7 月 11 日，http：//www.mca.gov.cn/article/sj/tjgb/201607/20160700001136.shtml。

2. 城市最低生活保障

1993 年上海市在全国率先建立城市居民最低生活保障制度。1999 年国务院又发布实施《城市居民最低生活保障条例》，全面推进这一制度。2002 年以来，逐渐在全国实现了应保尽保。城市散居的孤儿、贫困儿童大多数也被安排在这项制度保障范围内。截至 2015 年年底，全国有城市低保对象 957.4 万户、1701.1 万人。全年各级财政共支出城市低保资金 719.3 亿元。2015 年全国城市低保平均标准为 451.1 元 / 人·月，比上年增长 9.5%；全国城市低保月人均补助水平 316.6 元，比上年增长 10.9%。①

3. 儿童教育救助政策

我国现有的对贫困儿童教育的救助政策主要有以下几种。2004 年，民政部、教育部印发《关于进一步做好城乡特殊困难未成年人教育救助工作的通知》，这是在 2008 年我国全面免除义务教育学杂费之前主要的教育救助举措。主要针对农村五保对象和城市"三无"对象的未成年人，基本实现普通中小学免费教育。对持有城乡低保证和农村特困户救助证家庭的子女在义务教育阶段基本实现"两免一补"（免杂费、免书本费、补助寄宿生活费），在高中教育阶段提供必要的学习和生活补助。

除此之外，民政部门对贫困儿童的救助主要包括两个方面：资助贫困儿童参加城镇医疗保险和新农村合作医疗，民政部门对特殊困难家庭患重（大）疾病的儿童在医保报销范围之外的自负比例部分给予一定的救助。

（二）社会团体与非营利组织

在如前文所述，我国的社会团体在很大程度上成为官方公共服务和公益事业的有效补充，尤其是在儿童福利体系建设尚不完善的前提下，社会团体成为政府化解和应对社会问题的"机动力量"，这和国外所谓"第三部门"有着一定差异。以中国儿童青少年基金会为例，1989 年，在全

---

① 数据源自《2015 年社会服务发展统计公报》，民政部官网 2016 年 7 月 11 日，http://www.mca.gov.cn/article/sj/tjgb/201607/20160700001136.shtml。

国妇联领导下，中国儿童少年基金会发起并组织实施了"春蕾计划"儿童公益项目，汇聚社会爱心，资助贫困地区失、辍学女童继续学业，改善贫困地区办学条件，辅助国家发展儿童少年教育福利事业。"春蕾计划"下设助学行动、成才行动、就业行动和护蕾行动，分别针对不同年龄段和不同需求的女孩进行资助，为贫困儿童中的女孩成长提供了巨大的支持。其官网公布数据显示，"春蕾计划"已资助女童330万人次，捐建春蕾学校1402所，对52.3万人次女童进行实用技术培训，编写发放"护蕾手册"150万套。

与社会团体的"官方"背景相区别，我国的非营利组织参与社会治疗和公共服务起步较晚，但发展迅速。目前参与到贫困儿童救助事业的非营利组织主要有境外和境内两类，境外的如联合国儿童基金会以及各类企业基金参与力度较大；而境内的作用较为突出的还是以全国性的基金，如中国扶贫基金等为主。但是需要关注的是，部分地区本土的专业服务类组织也已经开始成长。与上述非营利组织专注于贫困儿童的营养、医疗卫生和教育不同，专业服务类组织更多倾向于贫困家庭儿童的能力发展。以HB省为例，2013年开始就已经有专业社会工作团队介入当地廉租房小区，为贫困儿童提供包括安全教育、四点半课堂、心理和情绪支持、家庭能力建设等综合服务。2015年开始，HB省SJZ、BD两地的专业社工机构开始深入农村。其中BD市SH社会工作事业发展中心先后以政府购买服务方式在PS县、FP县两地开设社会工作服务示范项目，重点服务于农村留守/贫困儿童，代表了社会工作介入精准扶贫的一个新的思路。

> 在我看来，精准扶贫最重要的理念是"精准"，我们服务于农村留守儿童和贫困儿童同样是一种精准的体现。反贫困的思路之所以提到精准的高度，就是要与传统输血方式相区别，我们要造血，而我觉得没有比改变下一代的生存能力更重要、更长远的造血机制，这是阻断贫困代际传递的最重要的方式，也是真正能实现城乡一体化的重要途径。（BD市SH社会工作事业发展中心主任，HB大学L教授）

四、贫困家庭儿童福利保障体系的不足

（一）教育救助体系不完备

目前，应该将贫困生资助的重心放在义务教育后的各级各类教育的贫困生资助上，进一步为贫困儿童教育提供更为广阔的发展前景和机遇。此外，还要完善教育救助政策的实施过程。首先，加大宣传力度，使贫困家庭的父母和子女了解现有的相关教育救助政策，使他们掌握可能寻求帮助的教育救助渠道。其次，扩大教育救助的范围，使贫困家庭的子女最大限度地享受到教育救助的优惠。再次，加大对学前教育、普通高等学校、高等职业学校和中等职业学校贫困生的救助力度，提供各种救助方式，用以减轻贫困家庭的教育支出压力；同时应当重视对贫困儿童的课外教育，它们对于培养儿童的知识、素质、能力也起着举足轻重的作用。最后，加大对贫困家庭的就业、创业教育支持力度，恢复和重建家庭支持功能。要进一步做好对那些有就业意愿及就业能力的贫困者的就业、创业教育服务，积极提供创业和再就业培训，以推动家庭主要成年人就业作为恢复和重建贫困儿童家庭支持的基础，同时也应该积极开展亲职教育支持，帮助贫困儿童的父母提高文化素质以及抚养儿童的能力，使其为儿童提供更好的照顾并发挥榜样作用。与此相关的救助扩展实际上也应该包括学龄前教育，这一环节救助的缺失实际上也不利于贫困家庭儿童的健康成长，同时可能会加大其以后的竞争压力。

（二）提供医疗服务不到位

在贫困儿童医疗保障方面，我们需要借鉴国外经验。要想使贫困儿童医疗保障制度在国内尽快建立健全，政府要担当儿童医疗救助的主角。从政府职责来看，医疗救助是实现人权保障的重要内容。所以，政府在儿童医疗保障体系构建过程中，无论是在成立儿童医疗救助机构方面，还是在资金筹集上，都应充当"主力军"。与此同时，还要加快医疗救助政策法规体系、医疗救助运作体系和医疗救助相关配套政策体系建设。另外，还要建立儿童医疗合作模式。就目前而言，儿童医疗互助基金模式，可以借鉴农村合作医疗的成功模式，由政府组织、引导和支持，家庭、集体和

政府多方筹资，建立以大病统筹为主的儿童医疗互助共济制度。帮助贫困儿童得到更好的发展，是破解代际贫困的一把钥匙，是使贫困家庭摆脱贫困陷阱的能动力量。从这个意义上看，救助儿童是一种重要的社会投资，是为儿童争取平等发展机遇的投资，是对社会公平的投资，也是为了健康社会和可持续发展社会的投资。

（三）缺乏贫困儿童特殊性的强调

应将贫困儿童从城市反贫困政策中剥离出来，对城市低保儿童需要制定专门的、统一的政策法规以保障其各项权利的实现。将贫困儿童的需求作为制定政策的依据。儿童的需求是多维度的，只有满足儿童各方面的需求才能确保贫困儿童像其他儿童一样健康成长。国家针对贫困儿童的社会政策应当包含经济、教育、营养、健康、住所、水以及环境卫生、工作、休闲、融合和社会保护等各方面。除此之外，我国的贫困儿童相关政策应当注意区分不同类型和年龄段的儿童，儿童的异质性决定了他们的需求也不一致。如在婴幼儿阶段，加强儿童的营养、卫生保健对儿童今后发展具有重要意义，但当儿童长到十几岁时，同辈之间的支持就开始变得重要。我国制定的反贫困政策需对不同儿童群体加以区别对待。

（四）基层社区作用未能充分发挥

与贫困家庭联系最为紧密、对贫困家庭最为了解的莫过于基层社区。但是在对贫困家庭儿童保障的主体中尚未明显地看到社区所发挥的作用。如今，社区中的熟人社会逐渐被陌生人社会所取代，邻里关系日渐陌生，邻里帮扶提升家庭能力的功能逐渐弱化，这直接导致社区的帮扶功能丧失了基础。同时，基层社区的工作更偏重于管理而非服务，所以其福利和保障的功能也在逐渐丧失。

第六节　结论与分析

一、应进一步强化普惠型导向儿童福利和保障体系建设

已有文献和调查基本都支持儿童福利和保障制度向普惠型转变，本

研究的调查基本可以证实这种转变在三个层面取得成绩，有利于缓解和应对困境儿童的不利处境。第一，普惠型儿童福利和保障的基本功能是提供经济支持和最基本的机构照顾，也就是以国民收入再分配的形式实现对困境儿童的底线支持，包括经济的援助和对"失依"儿童的机构支持。从调查来看，这种支持实际上在支持绝大部分困境儿童的生存方面起到了不可替代的作用。第二，普惠型的儿童福利和保障体系建设导向逐步扩大受助群体的规模，不断提升支持水平，同时由于其政府主导的性质，体现了国家治理的性质，具有其他支持不具备的稳定性和持续性，这对于儿童的生存和发展尤为重要。第三，不同于传统的补缺型导向，普惠型的儿童福利和社会保障体系设置了更具有开放性的支持平台，尤其是项目和组织孵化的功能设置，为更细致的分类救助服务和其他社会力量的介入提供了良好的对接机制和平台运作机制。

但另一方面也应该看到，普惠型的儿童福利保障制度实际上刚刚起步，补缺型的特征仍然存在，一般和普遍性的经济支持与机构照顾并不能为困境儿童内部的特定类别提供更细致的分类救助支持。调查显示，不同种类的困境儿童，其问题和需求的层次、结构各不相同，困境儿童在不同阶段也具有不同的特征，这些都是普惠型儿童福利保障体系目前难以兼顾的。造成这种缺位的主要原因，笔者认为主要有以下几点：第一，保障设计的理念仍然停留在生存支持导向，并且假设经济支持作为基础是缓解和应对所有问题的关键，体现在具体设计上就会忽略困境儿童内部的结构差异和需求的层次次序。第二，保障设计缺乏对儿童的单独关注和特殊对待，将儿童置于整体和成人福利体制的附属地位，忽视了儿童的特殊性和成长的阶段性。第三，儿童问题涉及多个部门的协同联动以及社会力量的参与，但目前的福利保障体系内部门联动机制较弱，也缺乏社会组织的广泛参与。

二、困境儿童分类保障工作应进一步按照对象细分

实际上，在出台分类保障的相关指导性建议之前，政府主导的困境

儿童的社会救助和社会保障主要遵循以下导向：一为普惠的济贫导向。假设所有困境儿童不利处境的共同点是基于家庭贫困，并且假设其他问题和需求可以透过适当的经济支持而得到缓解。二为无差别导向。基于福利制度的效率原则考虑，在保障和救助设计上一般不区分困境儿童的内部差异，实施无差别福利供给。三为家庭支持导向。绝大部分福利供给都是基于家庭支持的配合。四为机构保底的原则。对于那些无家庭支持或家庭支持条件不足的对象，以收容和儿童福利机构为最后的保底措施。五为依附性。即在政策体系设计中，并不注重专门针对儿童设计福利政策和产品，而是依附于整体的扶贫和救助体系。六为民政负责导向。尽管和财政部门、人力资源与社会保障部门、妇联和残联，包括共青团的工作有一定关系，但无论是在实际运作中还是观念认知层面，民政部门几乎是唯一责任主体。

这样一些导向的正功能在于一种普惠的支持，并且能够在一定程度上缓解由于贫困所带来的儿童生存和发展问题。但同时也带来一定的负面后果，那就是儿童福利体系在整体上存在着一定程度的被忽视的取向，在工作上存在着笼统性，还远没有形成针对对象进行具体细分，因而不能够更细致地提供福利政策和产品的系统设计和运作。已有研究和调查结果显示，实际上困境儿童作为福利支持的对象，其复杂性和多样性决定了必须对对象进行细分，才能真正实现福利产品的供需结构均衡，提升儿童福利支持的科学性水平。

三、困境儿童分类保障应注意对象问题和需求的系统性、层次性和结构性特征

已有文献相当多地关注到了困境儿童的一般问题和需求，比如经济困境、健康和复健、生活便利、就业和社会参与、文体娱乐活动等，但却忽略了困境儿童作为一个群体内在的问题和需求的系统性、层次性和结构性。本研究调查显示，困境儿童的需求层次在一定程度上决定了其困境的结构性特征：第一，经济困难是困境儿童的共同问题，也可以说是基础问

题，但在各类困境儿童中体现各不相同。比如，在残疾儿童那里，更紧迫的需求可能体现在专业的复健，而在困境儿童家庭那里，更紧迫的问题可能是照顾的缺乏。第二，经济困难固然是基础，但并不是经济困难解决，其他困难就一定迎刃而解。对于残疾儿童、残疾家庭儿童，尤其是那些精神和智力障碍以及缺乏照顾的儿童，更重要的是功能性的康复和照顾资源的供给。第三，目前的福利保障制度将经济支持作为主要的工作目标，但不应忽视的是，一些其他需求也需要同步解决。同样是在 BD 市的调查中，更多调查对象（儿童家长）体现出了与经济支持一样迫切的对儿童教育和发展的需求，这也是需要关注的。

四、困境儿童分类保障体系建设要注重发展性导向

在已有文献中，很显然部分研究已经关注到了困境儿童发展方面的需求，不同程度提及了目前儿童保障在此方面的不足。本研究调查显示，并没有特别明显的证据支持在经济问题尚未解决的前提下，困境儿童家庭会放弃或者弱化对儿童发展的需求，而只有在他们感觉难以获得此类资源和条件的时候，才可能忽视儿童的发展。在 BD 市的廉租房社区调查中，困境儿童，尤其是残疾家庭儿童和贫困家庭儿童，在教育资源可得的前提下，都非常关注儿童的发展，这就意味着实际上相当多的困境儿童家庭，自身有着发展性的动机，对这些家庭的发展性的项目支持不仅可以在一定程度上满足儿童的需求，同时也为遏制贫困的代际传递提供了一种工作思路。

第四章　困境儿童分类保障的
制度框架和政策建议

　　从西方发达国家福利制度发展的历史经验来看，很显然，普惠型福利制度的发展是一个伴随着经济发展水平提高的必然选择，但这很容易造成一个错觉，那就是普惠型代表了主流，因而忽视了中国特色的具体国情，以及历史发展所造成的目标人群的层次性、复杂性和多样性。在《中国组合式普惠型社会福利制度的构建》一文中，彭华民指出："中国社会福利不是简单地从'补缺型'转型到'普惠型'，而是应形成新的组合式普惠型社会福利，即普惠型福利为主，选择型福利为辅，适度普惠。组合式普惠型社会福利制度的构建是以社会需要为目标定位原则，国家是社会福利提供责任的主要承担者，其他多元部门也担负着社会福利提供的次要责任，政府—市场—家庭—社区连接成为层次有别、功能互补、相互支持、互为补充的满足社会成员福利需要、体现中国传统文化价值与现代福利观念的社会福利体系。"[1] 在笔者的调查中，困境儿童福利人群困难和需求的典型特征也支持这样一种建构思路，在此基础上，我们倡导一种更为科学化、精细化、标准化、系统化，和更为开放兼容的儿童支持体系。

---

[1]　彭华民：《中国组合式普惠型社会福利制度的构建》，《学术月刊》2011 年第 10 期。

第一节　中国儿童福利制度转型的 "本土性"和"过渡性"

现有的研究中，对国外经验的借鉴很大程度上忽略了中国的具体国情，尤其是对中国本土的社会救助系统缺乏深入和细致的经验对接，导致经验的借鉴过于偏重西化。在笔者看来，中国长期以来的福利制度体系既有其经验传统的"本土性"，同时又有其"过渡性"的特征，忽视任何一点，都可能导致外来经验的"水土不服"。

一、本土性

（一）乡土和熟人社会的影响

从社会主义制度确立至今，传统的乡土社会和中国熟人社会交往的传统被反复冲击，但毫无疑问，它们在传统文化的影响下仍然有着较为强劲的生命力。在相关研究和调查中也能发现，这种影响是切实存在的。困境儿童的社会支持实际上可以分为两个系统：一个是政府主导的政策和制度系统，强调法理和行政管理，比如按照各种相关立法和制度规定，保证困境儿童权益和相应的社会福利；另一个系统则是建立在乡土伦理和熟人社会基础上的民间的社会支持网络。在妇联访谈时获得的一个案例里，由于母亲改嫁，父亲不知所踪，孩子便跟着姥姥、姥爷一起居住，这就体现了乡土性的一种支持。但吊诡的是，孩子的补贴按照所在村庄发放（孩子父母户口和姥姥、姥爷不在同一村庄），发给了孩子的姑姑。但孩子的姑姑并没有将补贴还给事实监护人（孩子的姥姥、姥爷）。这个错综复杂的案例实际上代表了两个系统的交叉，尤其是民间的宗族和亲属系统，切实影响了政府主导的福利系统的成效。

乡土和熟人社会的影响，从功能上讲可以分为正、负两个方面：正的方面，这种非政府的民间社会支持网络，可以在政府福利制度覆盖不足，或者存在失灵的状况下，弥补和填补政府工作可能的漏洞；而负的一面则集中在这种乡土和熟人社会的救助逻辑，遵循的是差序格局和地域文化，与带有明显的"契约"和"法理"精神的现代福利制度有着根本的价值、理念、制度以及流程方面的差异性，一旦二者冲突，必然会带来较高的制度成本，造成政府福利政策的部分失败。

（二）单位制的遗留

20 世纪末开始，社会转型的加速使我们深信，传统的单位制已经土崩瓦解，取而代之的是"社区制"和大社会（Mass society）时代的到来。但实际上，只要传统的单位还在，甚至在传统单位消失以后的一段时间内，这种制度延续的影响都将持续发挥作用。"有困难，找单位解决"，实际上仍然存在于一些较为年长的城市居民的求助思路和逻辑中，而同时，一些在改革开放中受冲击较小的传统单位，比如机关、学校、老国企等，仍然还有着单位内互助的传统。单位内对困境儿童的救助主要体现在大病、重病儿童的单位内募捐以及单位形成的同事／邻里支持上，这一系统主要要依托党工委、车间、科室和居民楼的纽带而联系起来，虽然在逐渐弱化，却并未消失。相对于政府的福利救助体系，单位的救助具有临时性的特征，但相对来说作用更为直接，也更具有人情味。而对于一些志愿者培育较好的单位，这种支持也已经开始向现代性的组织式支持转化。

（三）政府和社会团体的被动作为

长期以来，政府行为逻辑实际上可以概括成一种"上位"服务心态："钱我给，节假日送温暖，除此之外，有单位的找单位，该进福利院的进福利院。"再有农村就是靠村里家族，城市的就是靠亲戚，属于一种基本上无差别的管理模式，而不是福利和服务模式。社会团体的行为逻辑则是该补贴钱就补贴钱，该联系福利院就联系福利院，该发起募捐就发起募捐，节假日送温暖。这就造成了一种事实上的"被动作为"和"服务缺位"。而且在启动模式上，属于被动的"上报模式"，也即政府公布标准，基层上报符合标准的对象；对于突发性的大病和重病儿童以及介于保障标准边缘的人群主要是"媒体报道—社会影响扩大—政府出面"的这样一种被动作为的模式。

二、过渡性

中国近现代历史上，福利制度的转型经历了民国时期、新中国成立初期、改革开放以来三个阶段，而目前的状态是逐渐与国际接轨，在再分配水平、福利设计理念和福利供给方式方面都开始发生新的变革。究其原因，在于社会转型的进一步深化、社会结构的瓦解和重构、社会分层的加剧以及受众群体主客观需求结构的变化，都对福利体系产生了新的要求。

（一）送法下乡和乡土性的瓦解

尽管存在争议，但送法下乡、文字下乡至少在民国末年就已经开始了，来自西方的现代意义上的法律、法规以及其他的教育形式开始向乡土社会渗透。另外，五四时期到新中国成立以来，基层政权的建设和文化上的冲击导致原有的宗族势力和组织被从根本上削弱。现代市场经济带来的理性思维和社会流动加速带来的人际交往的变化共同作用，导致乡土性和原有的熟人社会逐渐被法律和制度所规定的"契约社会"所取代，国家的社会治理经由基层政权的建设和法律、法规的普及得以在民间渗透。在福利制度方面最突出的表现是传统的宗族和熟人社会的支持网络被进一步削弱，福利对象在主客观两个层面对政府的依赖都进一步加强，而政府对社会的责任在立法和制度建设方面得以进一步明确，福利供给逐渐进入制度化和系统化的运作过程。但同时，正如前面所谈到的，社会转型的特征决定了这种变革的过渡性，也即乡土性的瓦解是一个渐进的过程，而现代福利体制的国际化接轨也需要长期的探索。

（二）单位制的瓦解和重构

单位制的瓦解和重构代表了社会转型的另外一个特征，集中发生在城市领域。这种瓦解意味着由政府—单位—居委会共同分担的社会支持体系逐渐分化，形成了政府—社区的支持模式，而由于单位制从这一体系中分离，社区的福利供给能力被无限弱化。因此，在朝向政府和社会共同承担社会福利使命的现代福利体系转变的过程中，当前中国的社会福利制度几乎将所有的压力都转向了政府。体现在儿童福利保障体系中，在社会组织发育缓慢的前提下，实际上困境儿童的主要福利和支持工作是政府做大头，妇联、残联等社会团体在做补充性的工作，社区成了政府管理体系的基层延伸，除了协助管理之外，已经不再有支持功能。而原先的单位社会，除了少数的机关单位之外，在现代企业制度和事业单位改革的推动下，也已经退出了福利支持体系。这样的一种格局，在政府和社会互动格局产生之前，其过渡性非常明显。

（三）政府依赖的单向化

乡土性的瓦解和单位制退出社会福利支持体系的必然结果是，有问题找亲属和村委会，有问题找居委会、有问题找单位，逐渐变成了一元的依赖，即有问题只找政府。缺乏中间宗族和社会组织缓冲，由政府直接面对福利对象的诉求，因此产生了政府的强依赖，这也就产生了一旦社会福利制度出现任何问题，所有的社会舆论和压力会无一例外地指向政府的局面。而伴随着事业单位改革和政社分离的进一步深化，妇联、残联、工会等社会团体的政府色彩逐渐淡化，这在一定程度上也是导致政府强依赖的另一个原因。所以这些年政府一直倡导培育社会组织，也在呼唤同民间社会，或者说第三部门在功能上的承接和呼应，这就形成一个过渡中的格局，即从传统的政府（含主要社会团体）—单位—居委会经由对政府的一元依赖，向政府—民间组织—社区的多元格局过渡。

（四）西方经验的借鉴和福利的现代性建设

西方福利经济学的最基本假设就是，发展经济的根本目标之一就是提升民众的福利水平，中国的福利体系建设的根本目的也应该是在保持可持续发展的前提下，尽可能提升居民的福祉。尽管存在争议，但是西方福利制度的成熟经验中确有我们必须借鉴的成分。在确保适应本土国情基础上，儿童福利制度也应该充分借鉴来自西方的经验，尤其是除了普惠型福利制度之外的选择性福利支持，当然除了财政支出的结构和方式的创新外，更重要的还在于框架体系的借鉴，尤其是来自西方的政府和公民社会互动背景下的福利和服务支持系统。在一定意义上来讲，福利制度的现代性建设，不仅仅在于顶层设计的科学化和现代化，还应该在于第三部门参与社会治理，在于非政府组织对于困境儿童福利支持体系的全面参与，以及国家、市场和社会在政府主导下的多元参与格局的形成。具体来讲，市场和社会多元参与的功能性意义在于创新社会治理，同时可以以自身的特点来弥补彼此的不足，政府做不好的，市场可以补充，政府和市场都可能造成对社会的失灵，那么社会在福利供给方面的自治则是最好的解决办法。而且从长远来看，政府的权力让渡是培育社会组织参与社会治理的必然选择，将公共福利和服务供给以政府购买服务的方式交付专业的社会服务机构，并且引入专业资质认证和行业评估是未来确保福利和服务供给专业化、科学化和精细化的必然选择，也是现代福利制度建设系统化的趋势。

第二节　政府主导多元主体参与的新格局

在已有研究和调查中，普遍反映的问题主要集中在困境儿童的问题和需求与政府福利供给之间的错位，以及政府福利供给的粗放和缺乏专业性等方面。而从学者们的建议和国外的经验来看，困境儿童的福利体系实际上是一个多主体参与、多层次、网络化的系统建设过程。从参与主体角度，政府主导责无旁贷，但同样应该顺应政治体制改革和政府职能转变的大趋势，在权力让渡的背景下对社会团体和社会组织进行培育和增能，在基本保障基础上，采取多样化的福利供给方式。在层次方面，以政府的定点监测、机构收容、最低生活保障和特困保障、医疗卫生保险为基础，积极筹划和扩充针对不同困境儿童特殊困境和需求的保障形式，并在上述两个层次基础上，依托社会组织服务外包的形式，在基层社区建立困境儿童的专业服务体系。

一、多元主体参与

之所以提出政府主导下困境儿童分类保障的多元主体参与，主要缘于一种功能补偿的理论假设。从调查和研究的经验来看，政府作为财政支出方，主导了针对困境儿童的再分配，比如说民政局和社会保障部门，从最低生活保障、城镇医疗保险和新农合、大病救助等多方面提供了一种最基础的资金支持，但对于困境儿童来说，这些只是其困难和需求的一部分，针对更高层次的需求，比如照顾和康复、社会功能恢复、教育、就业支持等，并不是基本的生活保障满足就可以解决的，而政府恰恰在更高层次的需求上显得力不从心。要使针对困境儿童的分类保障落到实处，就必须有更为专业和分工更细致的专业组织参与。也正是基于此，才有了这几年政府对社会组织的培育和支持。就目前来看，困境儿童分类保障的主体应该包括以下几个方面。

（一）政府部门

按照《城市居民最低生活保障条例》规定：城市居民最低生活保障制度实行地方各级人民政府负责制。县级以上地方各级人民政府民政部门具体负责本行政区域内城市居民最低生活保障的管理工作；财政部门按照规定落实城市居民最低生活保障资金；统计、物价、审计、劳动保障和人事等部门分工负责，在各自的职责范围内负责城市居民最低生活保障的有关工作。所以即便是政府部门内部，也存在一个联动的过程。

（二）社会团体

与困境儿童相关的社会团体主要包括共青团、妇联和残联。目前来看，这些社会团体主要有两大职能，一是作为上述政府部门的辅助部门，就各自所辖范围内的困境儿童做好补充性的帮扶工作，主要以临时性救助和项目性救助两个部分为主。二是自主开展困境儿童分类帮扶和救助工作，即在自身职权范围内充分发挥社团优势，整合资源，针对困境儿童的不同的困难和问题，自主设计项目并开展救助和服务。目前最重要的是第二个职能，但普遍反映的情况是由于财政预算低、缺乏整合部门联动的权力、缺乏专业技术人才等原因，社会团体难以充分发挥其功能。同时，在县级以下的垂直下设组织中，存在着不作为的现象。访谈中相关部门负责人谈到，一些新的项目设计或者活动发放到县级以下部门之后，得不到很好的宣传和告知，主要原因在于下面组织往往考虑到多一事不如少一事，而间接限制了这些社会团体的功能。从未来的政治体制改革来看，事业单位和社会团体的改革的必然趋势是走向政社分开，社会团体将出现两极分化，部分职能转移到行政，同时部分职能被下放到社会层面，但核心的问题是如何对其合法赋权并规范管理，增强其能动性。

（三）社会组织

这里的社会组织主要指的是民办非企业单位和社会团体，主要包括各种与儿童救助相关的基金会和社会服务机构。西方发达国家的经验里，这些社会组织作为第三部门，是参与儿童福利体系的重要组成部分，承担着基层救助和专业化服务的重要角色。但是在目前我国的社会转型中，由于发育不足，还很难承担起整合资源、全面参与儿童分类保障的功能。在笔者看来，社会组织发育在中国目前的本土儿童福利体系建设中具有多重内涵和功能意义：第一，可以在政府和福利对象之间设置一个功能缓冲带，减低由于强政府依赖产生的压力和风险；第二，可以逐步承接乡土社会和单位制瓦解所造成的功能真空，在现代意义上起到补充作用；第三，可以真正使社区的基层功能落到实处，弥补由于社区功能行政化所带来的缺陷；第四，社会组织专业化和行业化在一定程度上是困境儿童分类保障精细化、科学化、专业化和标准化的基础。

（四）基层社区

如前所述，目前基层社区主要功能在于行政性的辅助作用，同时参与困境儿童的监测、保障的申报和评估工作，已经没有了新中国成立初期居委会和街道办事处原有的福利功能。造成这种状况的主要原因在于两个方面：一是社区内单位制的瓦解，单位与社区的联系断裂，单位制的福利保障功能下降，社区功能也随之下降；二是原有邻里关系逐渐陌生化，熟人社会逐渐被陌生人社会所取代，邻里帮扶功能弱化，导致社区的帮扶功能丧失了基础。这就意味着改革开放以来，实际上基层社区的福利和保障功能在逐渐丧失，或者更偏重于管理而非服务。这也是上面我们强调社会组织发育的一个重要原因：由社会组织来统和社区，以专业的组织来激发社区的志愿资源，代替原有的传统帮扶网络。

（五）其他社会主体

其他社会主体主要指的是除上述主体和家庭之外的所有相关企事业单位和社会组织，比如说医院，尤其是儿童医院和综合医院的儿科，通常也是困境儿童，尤其是重病、大病儿童的重要监测点，是社会福利救助统计和救助的发起点。从调查和已有研究来看，监测功能运行尚可，但后续的系统支持和部门联动建设基本上是缺位的。这种缺位主要指的是在困境儿童监测、评估、收容或者福利支持、再评估以及后续的环节上，主体之间，包括医院、民政系统、福利机构、相关社会团体、社会组织之间缺乏常设的系统整合机制，仍然沿袭传统的工作流程，权责不明确，也缺乏主动监管。另外，医院等单位的市场化导致其相对于民政部门的独立性，这样也造成了部门联动的高成本和低效率。

（六）家庭

基于儿童的特殊性，困境儿童分类保障的主体实际上并不仅仅是儿童，实际上它们是作用于其家庭（除孤儿外），而目前的社会福利体系除了资金支持外，缺乏更为具体和细分的家庭支持体系建设和项目设计，这是目前分类保障体系建设的一个根本问题。如前所述，对于一个困境儿童家庭来说，维持基本的生活保障实际上并不能解决其家庭关系问题、家庭成员身心健康问题、家庭功能恢复问题和家庭脱贫问题，这往往导致福利支持的低水平运行，不能从根本上使那些具备发展潜能的家庭走出不利处境，真正实现福利的发展导向。

二、分层的互动格局

总的看来，对困境儿童的分类保障设计实际上应该遵循两个向度：一个是分类，一个是分层。前者基于不同福利对象的特殊性，后者基于主体之间的互动分工和福利作用发生的机制和流程。在既定分类基础上，我们应该尝试在既有制度体系内进行分层设计，以弥补现有工作体制的不足，更好地激发资源整合和部门联动。

（一）主导层：政府部门间的联动

就政府层面，相关的部门实际上主要涉及民政部门主导下的财政部门、人力资源与社会保障部门、人口和卫生系统等。这一层面主要的功能包括：第一，顶层设计，制定和执行儿童福利制度与战略规划，进行福利体系建设设计。第二，在中央政府主导下，依托垂直的行政管理体系具体执行儿童福利制度和政策，开展困境儿童的福利保障工作。第三，为其他的主体提供政策和制度平台，并且在必要时开展服务外包。

（二）主要辅助层

主要辅助层指的是包括妇联、残联、共青团等政府性和准政府性的社会团体。这些系统也是垂直到基层的，在各个层面都会与政府主导层形成互动。它们在各自业务范围内开展儿童福利和救助活动，主要针对问题较为严重和突发性的、政府保障无法覆盖或者覆盖了也不能解决问题的那些福利对象，当然也包括一些"锦上添花"的辅助项目，比如在低保"兜底"的情况下，妇联、残联和工会可以再根据自身业务特征针对特定服务对象提供物质和服务帮扶，尤其是专业服务支持。目前的问题是，主要辅助层和政府主导层没有在困境儿童救助这一层面形成更为制度化和标准化的部门联动，更多是依靠传统合作方式。

（三）次要辅助层

次要辅助层指的是目前境内外儿童基金、社会组织和志愿组织等非政府机构对困境儿童的支持，以及在政府制度框架范围内的民间救助和慈善行为。目前这一层面在形式上获得了政府政策的扶持，但具体到地方层面仍然存在着权力让渡的问题，其合法性和权威性还无法得到政府的全面支持和社会的普遍认可，同时由于形不成行业规模，只能起到次级辅助的作用。这些组织与政府之间，与主要辅助层之间，还没有形成有效的互动机制，因此其内在潜能还没有得到有效发掘。

（四）基层平台：机构和社区

儿童福利机构和社区是分类保障的最终落脚点，也是直接作用于福利对象个人和家庭的最基层社会组织和结构。上面千条线，下面一根针，上面的政策设计最终成效都要体现在机构和社区层面。目前来看，机构的最突出问题是现有设施和人员不能有效地提供分类的针对性的保障和服务，比如针对残疾儿童的康复。社区的最大问题在于目前功能的行政化和上移，在监测和申报任务的同时，不能提供更具体的针对性的社区照顾和社区护理。

对这样一个分层系统来说，最重要的是做好以下四个方面的工作：第一，各司其职，能够在不断完善立法和制度设计的同时明确彼此权力和义务的边界。第二，能够在各层之间形成有效的联动机制，即能够在主导部门，比如民政部门牵头的情况下迅速形成资源整合，确保大的合作项目能够顺利开展。第三，能够做到上下衔接顺畅，指令能够顺利经由上层下达到下层，并能得到有效执行，而下层信息能够迅速反馈，激发制度和设计的修正环节。第四，上层对下层充分赋权，能够有效激发下层的能动性和创造性，这就需要这一分层系统能够设计一整套评估和激励机制，能够在制度范围内推动主动作为。

第三节　资源整合的框架和路径分析：保障托底的双轨多元框架

基于上面的主体和分层系统分析，我们专门整理了目前儿童分类保障的制度运行机制，尝试丰富和健全已有的资源整合框架和运行的路径，提供一种科学化和专业化的设计思路。

一、资源整合的三维框架：保障托底＋选择性救助＋服务提升

（一）保障托底

对于困境儿童及其家庭来说，抛开各类群体的特殊性，其实首要的一般性需求还是经济需求，这就意味着政府针对贫困家庭和特困儿童的各类基本保障形式是我们应对困境儿童分类保障的基础。从目前来看，除了针对家庭的最低生活保障、特困职工保障、残疾人补贴等生活救助之外，

城镇医疗保险和新农合的意义同样重大。这就意味着在以资源为视角的制度设计中，保障的基础作用需要稳定并且进一步强化。

（二）选择性救助

在各项调查和研究中，分类保障制度之所以被提上日程，主要原因就是已有福利体系中，基础性的保障托底工作在不断提升，但是针对不同福利对象的分类选择性救助工作做得不够好。比较典型的就是对于事实孤儿的认定和保障工作、残疾儿童的就业工作、福利院中残疾儿童的护理和康复工作等显然做得都不尽如人意。所以在基本的保障托底工作基础上，如何进一步强化选择性救助就成为提升当前儿童福利水平的"短板"之一。

（三）服务提升

以往的工作思路中，人们对福利保障的内涵认识实际上主要注重补贴款发放和管理如何发放，而西方发达国家的经验表明，在福利对象的需求结构发生变化的背景下，除了给钱之外，更好的分类保障和救助还在于如何做好针对性的服务工作。比如对孤儿和残疾儿童的心理救助、大病和重病之后儿童的护理和复健，都不仅仅是钱的问题。服务提升的功能导向在于三个方面：一是精细化，可以针对不同的困境儿童提供不同的帮助；二是专业化，能够提供政府和社会团体难以提供的专业化的服务；三是人性化，能够使得福利体系走出粗放的货币和实物供给模式，走向"以人为本"的救助模式。对于我国目前的儿童福利体系来说，服务体系建设将是未来主要的生长点。

二、双轨多元的路径建设：中央地方财政＋多元社会融资

从目前福利体系的供给状况来看，中央政府和地方政府配套的模式显然可以更好地刺激地方的福利投入，同时也能够减轻地方政府的财政压力。但这种强政府依赖的模式很显然并不符合政府职能转变和现代福利制度建设的方向，因此应进一步强化社会融资渠道，有效整合社会资源。

（一）财政配套

从当前政府购买服务的举措来看，要推动地方政府积极投入福利体制改革，最重要的手段之一就是财政刺激，即中央和地方财政双轨运行，由中央财政支持地方配套，来推动地方政府的儿童福利体系建设。这种双轨模式的功能突出体现在两个方面：第一，可以体现中央的重视，深化从中央到地方的福利体系改革的决心和信心；第二，可以减轻地方的财政负担，激发地方财政投入的热情。

（二）社会融资

从国外的经验来看，社会融资的渠道实际上主要有两个，一个是通过正规的基金会，另一个是通过临时性和突发性的社会募捐。在国外，政府投入和基金会是刺激福利和慈善事业的两驾马车。而在中国本土，基金会的成长、运作和功能发挥还远没有达到能够与政府形成补充的程度。主要原因在于三个方面：第一，国内慈善事业的氛围不浓，企业的社会责任感和回馈社会的潜能远没有得到发掘，从事慈善和公益事业的基金会，无论是公募还是私募，都还没有形成行业规模。第二，社会组织发育不足，还不足以形成与基金会进行行业对接的形式，很多基金会缺乏好的合作伙伴。第三，强政府依赖，导致社会组织都希望从政府获得资源，还不能更新思路，走多元融资的道路。这些状况无疑限制了福利和慈善事业社会融资的整体发展。

三、专业服务的新思路：政府购买服务的探索和社会工作系统的引入

2013 年 9 月 26 日，国务院办公厅印发《关于政府向社会力量购买服务的指导意见》（国办发〔2013〕96 号）。该意见分为充分认识政府向社会力量购买服务的重要性、正确把握政府向社会力量购买服务的总体方向、规范有序开展政府向社会力量购买服务工作、扎实推进政府向社会力量购买服务工作四部分，就此拉开了我国政府购买服务的序幕。国外经验表明，政府与其他福利主体合作的方式存在多种形式，而在福利和公共服务方面，最主要的形式就是政府采购，即变革传统的政府办社会的形式，

将一些政府干不了、干不好或者成本高、不专业的服务外包给专业的社会服务组织，从而形成政府和社会组织在公共服务供给中的伙伴关系。尽管没有明确条文目录，但困境儿童的分类保障作为社会救助和社会福利的重要内容之一，很显然也可以靠政府购买服务的形式得以实现。

这样一来，我们可以把与困境儿童分类保障相关的社会救助分为两个部分，一个是政府承担的保障托底部分，一个是由社会组织承担的社会服务部分，我们需要建设的就是这二者之间的互助合作关系。北京、上海、深圳、广州等地和国外经验表明，社会组织承办困境儿童的专业服务是未来这一领域发展的主要趋势。从目前我国的社会组织发育来看，妇联、残联、共青团等社会团体的工作，实际上也可以透过与政府和基金会的合作来得到进一步强化。但更重要的是，专业社会工作组织的兴起和行业化与专业化的发展态势为我们搭建了一个更好的平台。

作为一个专业的助人职业，在国外，社会工作本身就是社会福利体系的重要组成部分，与政府的社会福利和保障是结合在一起的，是政府职能外包的重要载体，也是政府应对社会问题、帮扶弱势群体的专业组织形式，在儿童的救助和服务方面具有得天独厚的优势。我们在前面也谈到了这一点。

社会工作介入困境儿童分类保障事业的功能主要体现在三个领域：第一，可以弥补现有分层系统上下层之间衔接的缝隙。举例来说，将社会工作组织深入基层，可以通过社工义工联动的形式对社区内的困境儿童进行一对一动态监测，迅速反馈福利对象信息变化，并可以随时发现新的福利对象，参与对象评估，这样就可以弥补目前基层申报制度的不足，规避困境儿童遗漏的现象。第二，可以发起困境儿童救助服务项目，以项目的形式将同一层级的资源整合，形成对特定困境儿童的合力。比如，社工机构主持的家庭综合服务中心，可以对辖区范围内的特困儿童开展针对性的介入项目，并在乡镇一级乃至更高层级的平台上整合民政系统、社会团体（妇联、残联等）、医疗卫生系统以及企事业单位的慈善资源，发挥网络化支持的效果。第三，也是最重要的，社会工作拥有专业的服务技术和手法，能够对困境儿童的身心健康、情绪态度、社会功能等多方面的问题进行专业的社会救助和服务，这是其他主体不具有的优势。

所以，在儿童福利体系建设，尤其是困境儿童分类保障系统建设方面，我们呼吁全面引入社会工作系统，以社会工作系统嵌入大民政的发展思路，将有助于分层和分类救助体系的系统建设，有助于实现科学化、专业化、精细化和标准化的目标。

第四节　分类施保的政策建议

困境儿童的分类保障是一个系统工程，分类施保和社会救助涉及方方面面，党的十八届三中全会明确提出："健全困境儿童分类保障制度"，为困境儿童工作发展指明了方向。结合前面的先进经验、典型调研和框架设计，我们提出以下具体的政策建议。

一、强化系统设计

从前面的分析来看，儿童福利体系建设实际上已经有了基础的层级和系统架构，但是层级内部和层级之间缺乏有效的统和机制，不能形成有效的部门联动和资源整合。境外经验表明，越是发达国家就越是注重儿童工作，专门的儿童福利部门是构建和完善儿童福利体系的关键组成部分。主要承担职能包括儿童问题研究和决策、困境儿童保障管理和项目开发、困境儿童福利采购、困境儿童分类保障体系建设等。希望能够借鉴国外的相关经验，从中央到县/区一级成立儿童福利的专门机构，用以整合目前相对分散的困境儿童福利和救助资源，为儿童福利的专业化、科学化、精细化和系统化奠定组织基础。

就我国目前来看，儿童工作专门机构的产生和设立可以参考几种方式：第一，在各级民政部门下设儿童福利处，专门负责儿童福利工作，好处在于民政工作在救助方面轻车熟路，有天然优势。第二，将妇联的儿童部门提升到与妇女部门并列层面，在各级政府成立儿童工作委员会，由妇联儿童部整合民政、人力资源与社会保障、残联、人口和卫生系统共同设置，在各级政府分设垂直机构，直接延伸到街道办乃至社区。其好处在于妇联对儿童工作，尤其是儿童服务具有亲和性。这两种方式都可以通过机构设置来整合我们前面设计的政府主导的、多主体参与的、分层次的困境儿童分类保障系统。

二、加强立法与制度建设

立法和制度建设的不足在一定程度上是引起儿童福利保障体系不健全和主体之间衔接不紧密，福利保障不细致、不科学和不专业的主要障碍之一。已有立法，如《中华人民共和国未成年人保护法》，更多强调儿童权益的保护，涉及福利和保障方面的立法目前仍然缺位。儿童保护和儿童福利是完全不同的概念，没有立法支持，就没有办法明确儿童福利保障主体之间的权限边界和义务边界，没有办法明确福利对象的福利内涵和应该享受的救助支持，也没有办法明确就主体不作为而采取何种有效的措施纠正和追责，同样没有办法在部门联动和层次整合之间确立法律依据。我国应强化立法和制度建设，力争有计划、分阶段实现"补缺型"保障向"普惠型"保障和"选择型"保障相结合的方式转化。

另外，立法的另一使命在于确定儿童福利保障的基本理念，应该从"补缺型"向"普惠型"过渡这虽然没有问题，但同样应该增加选择性福利和服务支持。第一，应该普惠，提升整体福利水平，扩大儿童福利外延，让所有困境儿童也能分享社会发展的成果，获得生存和发展的机会保障。第二，应该就福利对象分类，按需求和类型提供可供选择的福利项目支持，加强福利供给的科学化和精细化水平。第三，应该将福利保障外延扩大，由货币和物资供给，慈善和救助的理念，转向服务和发展的取向，这就意味着，应该在保障托底的前提下，设置分类保障的选择性供给基础上，增加专业服务，以转变福利的生存导向，转向发展的诉求。

三、多元主体参与的创新格局建设

如前所述，现有困境儿童福利体系的主要问题之一在于缺乏社会参与，对政府的强依赖不仅加大了政府的工作压力，也降低了福利体系的效率。因此，应该向本章前面所阐述的那样，在政府职能转变和政治体制改革深化的背景下加速政府权力让渡步伐和幅度，积极培育社会组织，尤其是基金会和专业的儿童服务组织以及志愿者组织。积极引导专门化的困境儿童服务组织，增强社会参与。让政府和民间组织形成有效互动，开创多元主体参与的新格局，弥补已有工作的不足，促进工作的精细化和专业化，进而能够更富有针对性地开展分类保障工作。

四、引入项目管理机制

从目前的调研和已有的研究来看，与国外和港台经验相比较，我们的儿童福利救助带有明显的行政性、单一性、临时性和补偿性的特征，缺乏针对性的项目创新，也没有严格的项目管理机制。所以，一方面做不到根据困境儿童的分类状况做精细化处理，另一方面也做不到积极的、发展性的救助。应该引入项目管理机制，在已有工作形式上，通过顶层设计和基层创新相结合，引入项目管理机制，激发现有儿童福利体系的潜能。一方面，顶层设计放权，充分为地方各级政府和社会组织赋权，同时搜集整理行之有效的地方基层经验加以推广，这样的"群众路线"式的结合更有利于工作创新。另一方面，应该向西方政府那样，尝试引入项目管理的机制，在基础的保障政策之外，开发项目式的保障和福利支持项目，并且引入项目研发、论证、实验、执行、评估、推广的流程管理机制。此外，应该增加对福利主体，包括政府、社会团体、社会组织的专业评估和财务监管，纳入绩效考核，并设计奖惩措施，规避其不主动作为的现象，杜绝贪污腐败的风险。

五、积极探索多元融资

儿童福利保障，归根结底是国民收入的再分配，但分配形式可以多样化。应转变参与主体对政府的强资源依赖，构建配置合理的融资结构。借鉴国外的经验，在现有的政府主导背景下，应该加大社会资本参与力度，可以采取税收优惠等多种形式刺激社会资本融资。此外，应该在全社会倡导对困境儿童帮扶的社会责任，积极宣传和鼓励企事业单位和个人，尤其是各类基金会根据自身特点和优势，积极参与到困境儿童的社会福利和救助中来，形成政府和民间资本的互动融通，从而减弱儿童福利事业的强政府依赖，激发社会资本的福利潜能，实现更具有稳定性和灵活性的融资结构。同时，结合政府和基金会公共服务采购的运作方式，积极培育和激发社会组织的福利和服务功能，为儿童福利体系的网络化建设奠定基础。

六、强化专业人才建设

从目前的调查来看，阻碍困境儿童分类保障的一个最根本因素就是专业人才的缺乏：政府层面缺乏专业的领导和专干，机构层面缺乏专业的康复护理以及社会服务人才，社会团体缺乏专业服务和项目管理人才，基金会缺乏运营人才和项目主管，社会组织人才流失严重等。这些问题产生的原因有三个：第一，儿童工作方面，人才培养机制跟不上福利制度改革和发展的需要。第二，儿童工作方面人才市场待遇低，缺乏进入政府工作的岗位设置，而相关从业者又不愿意委身"企业编"。第三，政府部门岗位设置不合理，对儿童工作不够重视，缺乏合理的人才编制规划，导致缺乏人才却没有编制。当然，社会组织的专门人才流失主要在于社会组织目前缺乏应有的社会地位和有效的、稳定的融资渠道，职业设置也没有更好的职业上升通道，导致职业吸引力不足。

这种局面必须得到改善，要强化专业人才建设，将专业人才培养纳入儿童福利发展战略规划中。具体可以从以下三个方面着手：第一，深化政治体制改革，依托专业部门，科学设计和开发儿童工作公务岗位；第二，提高儿童工作者的整体待遇，吸引专业人才入行，提高专业对口率；第三，加大政府对社会组织扶持力度，优化儿童工作者民间就业的行业环境。

参 考 文 献

一、中文著作

[1] 成海军：《中国特殊儿童社会福利》，中国社会出版社 2003 年版。

[2] 韩晶晶：《儿童福利制度比较研究》，法律出版社 2012 年版。

[3] 景天魁等主编：《海峡两岸社会福利基本经验》，鹭江出版社 2013 年版。

[4] 刘继同：《国家责任与儿童福利：中国儿童健康与儿童福利政策研究》，中国社会出版社 2010 年版。

[5] 陆士桢、魏兆鹏、胡伟：《中国儿童政策概论》，社会科学文献出版社 2005 年版。

[6] 尚晓援、王小林、陶传进：《中国儿童福利前沿问题》，社会科学文献出版社 2010 年版。

[7] 尚晓援、王小林：《中国儿童福利前沿（2012）》，社会科学文献出版社 2012 年版。

[8] 尚晓援、张雅桦：《建立有效的中国儿童保护制度》，社会科学文献出版社 2011 年版。

[9] 尚晓援：《中国残疾儿童家庭经验研究》，社会科学文献出版社 2013 年版。

[10] 孙莹：《贫困的传递与遏制——城市低保家庭第二代问题研究》，社会科学文献出版社 2005 年版。

[11] 王思斌：《社会工作导论》，北京大学出版社 1998 年版。

[12] 王彦彬等：《儿童福利社会化重构：昆明模式》，社会科学文献出版社 2006

年版。

[13] 郑功成：《社会保障学——理念、制度、实践与思辨》，商务印书馆 2000 年版。

[14] 周沛：《社会福利体系研究——社会保障与社会政策研究》，中国劳动社会保障出版社 2007 年版。

[15] 王梦奎主编：《反贫困与儿童发展》，中国发展出版社 2013 年版。

[16] [美] 威廉·朱利叶斯·威尔逊：《真正的穷人——内城区、底层阶级和公共政策》，上海人民出版社 2007 年版。

[17] 高圆圆：《中国残疾儿童福利研究》，中国劳动社会保障出版社 2014 年版。

[18] 丁勇、陈韶峰主编：《残疾儿童权利与保障》，南京师范大学出版社 2015 年版。

[19] 姚建平：《国与家的博弈》，上海人民出版社 2015 年版。

[20] 王振耀主编：《重建现代儿童福利制度》，社会科学文献出版社 2015 年版。

[21] 王振耀主编：《系统建设普惠型儿童福利体系》，社会科学文献出版社 2016 年版。

[22] 中国少年儿童慈善救助基金会、中国青少年研究会编：《中国孤儿基本状况及救助保护研究报告》，中国人民公安大学出版社 2013 年版。

[23] [英] 奈杰尔·托马斯著，田国秀等译：《儿童青少年社会工作：照管社会工作理论与实践》，中国人民大学出版社 2010 年版。

[24] 林顺利：《社会工作系统嵌入民政工作机制研究》，河北人民出版社 2016 年版。

二、中文论文

[1] 北京师范大学中国公益研究院：《中国儿童大病救助与慈善组织参与现状报告》，2013 年。

[2] 毕伟：《流浪儿童救助保护体系的构建原则》，《当代青年研究》2012 年第 8 期。

[3] 曾燕波：《儿童福利政策的国际比较与借鉴》，《当代青年研究》2011 年第 7 期。

[4] 陈建中、陈鲁南：《英国的儿童福利》，《社会福利》2011 年第 8 期。

[5] 陈静：《孤残儿童社会保障现状及发展路径研究》，《残疾人研究》2012 年第 2 期。

[6] 陈鲁南：《困境儿童的概念及困境儿童的保障原则》，《社会福利》2012 年第 7 期。

[7] 陈彦：《中美两国儿童福利制度的比较分析》，《湘潮》2008 年第 5 期。

[8] 成海军、朱艳敏：《社会转型视阈下的普惠型儿童福利制度构建》，《学习与实践》2012 年第 8 期。

[9] 程福财：《家庭、国家与儿童福利供给》，《青年研究》2012 年第 1 期。

[10] 仇雨临：《我国孤残儿童福利保障政策的评析与展望》，《社会保障研究》2007 年第 2 期。

[11] 戴建兵、曹艳春：《论我国适度普惠型社会福利制度的构建与发展》，《华东师范大学学报》（哲学社会科学版）2012 年第 1 期。

[12] 高圆圆：《残疾儿童福利制度转型思路探讨》，《残疾人研究》2013 年第 4 期。

[13] 顾莉：《我国贫困儿童社会救助问题研究》，云南大学硕士学位论文，2011 年。

[14] 何玲：《瑞典儿童福利模式及发展趋势研议》，《中国青年研究》2009 年第 2 期。

[15] 胡奇：《完善中国孤残儿童福利制度的国际比较研究》，《社会福利（理论版）》2012 年第 9 期。

[16] 鞠青：《给家庭问题一个回答》，《中国人大》2007 年第 1 期。

[17] 李东方：《构建新型流浪儿童救助体系研究》，《安徽农业大学学报》（社会科学版）2009 年第 3 期。

[18] 李虹：《论非营利组织社会公信力的建设》，《上海交通大学学报》（社会科学版）2003 年第 11 期。

[19] 李水金、侯静：《中国非营利组织问责中存在的问题及对策》，《国家行政学院学报》2009 年第 6 期。

[20] 李晓凤：《流浪儿童在中国社会的主流论述与研究新取向》，《当代青年研究》2009 年第 11 期。

[21] 李雅：《中国残疾儿童教育保障制度研究》，首都经济贸易大学硕士学位论文，2013年。

[22] 立法会政制事务委员会就香港特别行政区根据《儿童权利公约》提交的第二次报告举行的审议会，2013年。

[23] 联合国儿童基金会：《2012世界儿童状况报告》，http：//www.unicef.org/chinese/sowc/17496_61804.html。

[24] 梁慧颖、宋玉奇：《我国贫困儿童救助问题研究》，《辽宁行政学院学报》2008年第12期。

[25] 梁祖彬：《香港的社会政策：社会保护与就业促进的平衡》，《二十一世纪》2007年第6期。

[26] 刘继同、Hazel Fredericksen、R.A.Mulligan：《英美儿童福利理论、政策和服务的历史演变与制度特征》，《社会福利（理论版）》2013年第5期。

[27] 刘继同：《当代中国的儿童福利政策框架与儿童福利服务体系》（上），《青少年犯罪问题》2008年第5期。

[28] 刘继同：《儿童福利的四种典范与中国儿童福利政策模式的选择》，《青年研究》2002年第6期。

[29] 刘继同：《改革开放30年来中国儿童福利研究历史回顾与研究模式战略转型》，《青少年犯罪问题》2012年第1期。

[30] 刘继同：《国家与儿童：社会转型期中国儿童福利的理论框架与政策框架》，《青少年犯罪问题》2005年第3期。

[31] 刘继同：《社会救助制度的基础性建设与儿童福利制度的革命性变迁》，《社会福利》2006年第8期。

[32] 刘继同：《中国儿童福利时代的战略构想》，《学海》2012年第2期。

[33] 刘俊：《完善我国非营利组织的问责机制》，《湖北社会科学》2008年第5期。

[34] 刘晓玲：《深圳社会工作发展模式分析》，《特区实践与理论》2010年第6期。

[35] 孟万金、刘玉娟、刘在花：《残疾儿童教育不公平现象的原因分析——五论残疾儿童教育公平》，《中国特殊教育》2007年第3期。

[36] 民政部、国家发展和改革委员会：《民政事业发展第十二个五年规划》，2011

年 12 月。

[37]《台闽地区少年生活状况调查报告 (2005)》，（台湾）内政部儿童局，2005 年。

[38] 彭华民、齐麟：《中国社会福利制度发展与转型：一个制度主义分析》，《福建论坛》（人文社会科学版）2011 年第 10 期。

[39] 彭淑华：《台湾儿童及少年福利政策与法令制度之发展》，台湾师范大学，2011 年。

[40] 秦敏：《我国流浪儿童社会救助问题研究——宝鸡新星流浪儿童援助中心的个案分析》，西北大学硕士学位论文，2007 年。

[41] 尚晓援、李海燕、伍晓明：《中国孤残儿童保护模式分析》，《社会福利》2003 年第 10 期。

[42] 尚晓援、李敬：《用户参与与民间儿童福利服务机构的公信力——安琪之家的个案研究》，《学习与实践》2011 年第 3 期。

[43] 尚晓援、陶传进：《中国儿童福利制度的权利基础及其限度》，《清华大学学报》2009 年第 2 期。

[44] 尚晓援、伍晓明、万婷婷：《从传统到现代：从大同经验看中国孤残儿童福利的制度选择》，《青年研究》2004 年第 7 期。

[45] 尚晓援、谢佳闻：《残疾与歧视：儿童生活史的个案研究》，《中国青年研究》2008 年第 10 期。

[46] 尚晓援、张雅桦：《儿童保护制度的要素缺失：三个典型个案的分析》，《青年研究》2008 年第 5 期。

[47] 尚晓援：《对非政府儿童福利机构政策亟待改变》，《社会福利》2008 年第 9 期。

[48] 尚晓援：《公民社会组织与国家之间关系考察——来自三家非政府儿童救助组织的启示》，《青年研究》2007 年第 8 期。

[49] 尚晓援：《建立国家主导的新型儿童福利制度》，《社会福利》2010 年第 12 期。

[50] 尚晓援：《推动儿童福利立法保障儿童权》，《中国社会科学报》2010 年 6 月 29 日。

[51] 尚晓媛：《"社会福利"与"社会保障"再认识》，《中国社会科学》2001 年第 3 期。

[52] 社会福利署：《社会福利服务统计数字一览（2007）》，（香港）社会福利署，2007 年。

[53] 深圳市民政局：《赴香港考察社会福利体系报告（2010）》，http：//www.yyyy2000.com/index.asp？bianhao=518。

[54] 沈美君：《台湾与美国身心障碍儿童早期疗育政策之比较研究》，暨南大学比较教育学系学位论文，2009 年。

[55] 孙莹、周晓春：《我国城市贫困家庭子女的教育救助问题研究》，《中国青年政治学院学报》2004 年第 3 期。

[56] 陶传进、栾文敬：《我国城市贫困儿童的现状、问题及对策》，《北京行政学院学报》2011 年第 3 期。

[57] 王舒芸：《台湾托育公共化之研究》就业与社会安全重大议题研究 http：//www.taiwanthinktank.org/page/chinese_attachment_4/2350/03_4.pdf，63-102。

[58] 王思斌：《流浪儿童救助保护工作的历史性发展》，《社会福利》2006 年第 8 期。

[59] 王思斌：《我国适度普惠型社会福利制度的建构》，《北京大学学报》（哲学社会科学版）2009 年第 3 期。

[60] 王晓燕：《日本儿童福利政策的特色与发展变革》，《中国青年研究》2009 年第 2 期。

[61] 王亚丽、王永喜：《走出社会化困境——家庭是福利机构孤残儿童最好的归宿》，《社会福利》2012 年第 2 期。

[62] 王振耀：《建立与中等发展水平相适应的儿童福利制度》，《社会福利》2008 年第 11 期。

[63] 魏莉莉、董小苹：《中国儿童政策发展趋势研究——基于 1991—2020 年三个〈中国儿童发展纲要〉的内容分析》，《中国青年研究》2012 年第 3 期。

[64] 吴亦明：《流浪儿童救助模式的转换与保护性特殊教育机制的构建》，《南京师大学报》（社会科学版）2007 年第 6 期。

[65] 香港社会福利署官方网站文献，网址：http://www.swd.gov.hk。

[66] 谢琼：《流浪儿童救助：政策评估及相关建议》，《山东社会科学》2010 年第 1 期。

[67] 禤健蓉：《建立出生缺陷干预的必要性研究》，《齐鲁护理杂志》2007 年第 13 期。

[68] 薛在兴：《美国儿童福利政策的最新变革与评价》，《中国青年研究》2009 年第 2 期。

[69] 姚建平、梁智：《从救助到福利——中国残疾儿童福利发展的路径分析》，《山东社会科学》2010 年第 1 期。

[70] 詹火生：《一甲子以来台湾社会福利政策的演变：从理念政策到制度实践》台湾社会福利论坛研讨会论文，2011 年。

[71] 张建明、龚晓京：《社会福利与社会保障关系刍议》，载窦玉沛主编：《重构中国社会保障体系的探索》，中国社会科学出版社 2001 年版。

[72] 张克云：《中西部农村贫困地区的儿童福利现状及需求分析》，《中国农业大学学报》（社会科学版）2012 年第 4 期。

[73] 张明锁：《流浪少年儿童的救助与回归》，《青年研究》2003 年第 3 期。

[74] 张时飞、唐钧：《中国的贫困儿童：概念与规模》，《河海大学学报》2009 年第 4 期。

[75] 张时飞、唐钧：《中国贫困儿童救助：问题与对策》，《新视野》2009 年第 6 期。

[76] 张世峰：《建立和完善中国特色孤残儿童养育模式》，《社会福利》2007 年第 7 期。

[77] 张耀华：《深圳社会工作模式生成的制度同构理论分析》，《社会工作》（学术版）2011 年第 11 期。

[78] 张喆：《新时期孤残儿童福利的保障需求》，《社会福利》2003 年第 10 期。

[79] 郑丽珍：《儿童及家庭贫穷问题与需求探讨》，台湾大学硕士学位论文，2003 年。

[80] 郑远长：《对建立儿童大病救助制度的思考和探索》，《社会福利》2009 年第

6 期。

[81] 中国残疾人联合会：《2007 年中国残疾人事业统计公报》，http：//www.cdpf.org.cn/2008old/sytj/content/2008-05/12/content_25056403_5.htm。

[82] 中华人民共和国民政部：《中国儿童福利政策报告（2011）》，北京师范大学壹基金公益研究院，2011 年。

[83] 中华人民共和国民政部：《中国儿童福利政策报告（2012)》，北京师范大学壹基金公益研究院，2012 年。

[84] 中华人民共和国民政部：《中国儿童福利政策报告（2013)》，北京师范大学壹基金公益研究院，2013 年。

[85] 周莹：《残疾儿童社会保障制度的研究》，《当代青年研究》2012 年第 8 期。

[86] 邹明明、赵屹：《美国的儿童福利制度》，《社会福利》2009 年第 10 期。

[87] 邹明明：《瑞典的儿童福利制度》《社会福利》2009 年第 12 期。

[88] 邹明明：《英国的儿童福利制度》，《社会福利》2009 年第 11 期。

三、外文文献

[1] Alexia Pappas. Welfare Reform：Child Welfare or the Rhetoric of Responsibility? *Duke Law Journal*, 1996, 40 (6)：1301-1328.

[2] Berrick, Jill Duerr. When Children Cannot Remain Home：Foster Family Care and Kinship Care. *The Future of Children*, 1998, 8 (1)：72-87.

[3] Bitler, Marianne P., Jonah B. Gelbach and Hilary W. Hoynes. Welfare Reform and Children's Living Arrangements. *The Journal of Human Resources*, 2006, (1)：1-27.

[4] Congressional Research Report for the People. The Runway and Homeless Youth Program：Administration, Funding and Legislative Action. http：//www.ovencrs.corn/documen31933/.2006-3-23.

[5] Dunham, Arthur. The Development of Child Welfare Programs. *Annals of the American Academy of Political and Social Science*, 1940, (212)：216-222.

[6] Fishkin, J. *Justice, Equal Opportunity and Family*. New Haven, conn：Yale University Press, 1983.

[7] Fuller, Bruce et al. Welfare Reform and Child Care Options for Low-Income Families. *The Future of Children*, 2002, 12 (1): 96-119.

[8] Goldson, Barry, Michael Lavalette and Jim McKechnie. *Children, Welfare and the State*. London: SAGE Publications Ltd.

[9] Kornberger, Rhonda, Janet E. Fast and Deanna L. Williamson. Welfare or Work: Which Is Better for Canadian Children? *Canadian Public Policy/Analyse de Politiques*, 2001, 27 (4): 407-421.

[10] Larner, Mary B., Donna L., Terman and Richard E., Behrman. Welfare to Work: Analysis and Recommendations. *The Future of Children*, 1997, 7 (1): 4-19.

[11] Lewis, Ann. *Children's Understangding of Disability*. London: Routledge.

[12] Lindsey, Duncan. *The Welfare of Children*. Oxford: Oxford University Press, 1994.

[13] Maynard, Rebecca A. Poor Children and Welfare Reform by Olivia Golden. *Journal of Policy Analysis and Management*, 1994, (3): 600-602.

[14] Ozawa, Martha N. Child Welfare Programs in Japan. *Social Service Review*, 1991, (1): 1-21.

[15] Shields, Margie K. and Richard E. Behrman. Children and Welfare Reform: Analysis and Recommendations. *The Future of Children*, 2002, 12 (1): 4-25.

[16] Pearl, David. Family Responsibilities and Children's Welfare. *The Cambridge Law Journal*, 1989, 48 (1): 36-38.

后　记

　　作为一个长期从事人口学和社会工作研究的高校教学科研工作者，社会保障专业并不是我的专长。但本书研究的问题其实已经在我的脑海里酝酿了很久，并不是心血来潮。加上一个偶然的机会，接触到了这样一个课题，看到我们的一些政策制度看起来能够给予的支持实际上似乎并没有想象中那么有效，看到一些普惠型政策制度很难兼顾每一个活生生的、带有个体特殊性的困境儿童，我就开始思考一个问题：能不能在保障基础上加以分类，从而使我们的支持更精准、更专业、更系统？

　　任何对弱势群体的调查和访谈都不会轻松。对待孩子，我们这个时代有着很矛盾的一面：一方面，在每一个具体的家庭中人们将孩子视为未来，有可能视若珍宝，甚至加以溺爱；另一方面却是在宏观的社会视野中对儿童的忽视和不公正对待。这非常具有本土性，当然，也带有社会转型期典型的"过渡性"，但它们都不是回避问题的理由。当我们真正做到以社会工作的"同理心"来对待一个个困境儿童的困难和需求的时候就会发现，他们真的需要这个世界的关心与呵护。经济支持是重要的，但是伴随着物质生活的改善，需要重点关心的是他们在特殊困境中的成长发展。所以，我在本书中重点探讨了分类保障＋专业服务的问题，也希望能够以社会工作的专业理念和方法更精准地满足和应对困境儿童的需求和问题。

　　在本书的调研、写作和出版过程中，得到了很多人的帮助和支持：河北大学 2013 级社会学专业研究生牛艳秋等同学协助整理了文献和调研资料；河北省民政厅、河北省妇联、河北省残联、保定市民政局、沧州市橄榄树培智学校、廊坊市广阳区妇联、唐山市丰南区特殊教育学校等单位的相关人员对调研活动给予了大力支持；写作过程中，我的家人也付出了很多。当然，需要重点感谢的是为本书作出巨大贡献的我硕士研究生阶段的老师——河北大学人口所吕红平教授，他不仅对本书提出了专业而中肯的意见，还欣然为本书作序，而且促成资助了本书的出版，感谢恩师！感谢认真负责的编辑郭彦辰博士，本书的面世离不开郭老师和出版社的辛苦工作！在本书即将付梓之际，我和我爱人的第二个儿子也如期而至，为人父母，更能体验孩子成长之不易，谁不愿意自己的孩子远离困境、问题和风险？对于那些尚处困境的孩子们，我相信政府和社会将会付出更大的努力给予帮扶救助，也衷心希望我们能够为困境儿童提供更多的支持和更好的服务！

最后，把自己的第二本专著献给我的第二个孩子，希望他能健康快乐地成长！

2017 年 9 月于新东方凤凰城

责任编辑:郭彦辰

图书在版编目(CIP)数据

困境儿童分类保障制度研究/孟亚男 著. —北京:人民出版社,2018.5
ISBN 978 - 7 - 01 - 018688 - 7

Ⅰ.①困… Ⅱ.①孟… Ⅲ.①儿童-社会保障制度-研究-中国
Ⅳ.①D632.1

中国版本图书馆 CIP 数据核字(2017)第 310512 号

困境儿童分类保障制度研究
KUNJING ERTONG FENLEI BAOZHANG ZHIDU YANJIU

孟亚男 著

人民出版社 出版发行
(100706 北京市东城区隆福寺街 99 号)

北京中科印刷有限公司印刷 新华书店经销

2018 年 5 月第 1 版 2018 年 5 月北京第 1 次印刷
开本:710 毫米×1000 毫米 1/16 印张:11
字数:160 千字

ISBN 978 - 7 - 01 - 018688 - 7 定价:39.00 元

邮购地址 100706 北京市东城区隆福寺街 99 号
人民东方图书销售中心 电话 (010)65250042 65289539